史家文库 名师篇

凝萃聚力

张欣欣 ÷ 著

张欣欣体育工作坊与教师发展

中国发展出版社
CHINA DEVELOPMENT PRESS

图书在版编目（CIP）数据

凝萃聚力：张欣欣体育工作坊与教师发展/张欣欣著.
北京：中国发展出版社，2016.9
　（史家文库.名师篇）
ISBN 978－7－5177－0450－8

Ⅰ.①凝…　Ⅱ.①张…　Ⅲ.①体育课—教学研究—
小学　Ⅳ.①G623.82

中国版本图书馆 CIP 数据核字（2015）第 315164 号

书　　　　名：凝萃聚力：张欣欣体育工作坊与教师发展
著作责任者：张欣欣
出 版 发 行：中国发展出版社
　　　　　　（北京市西城区百万庄大街 16 号 8 层　100037）
标 准 书 号：ISBN 978－7－5177－0450－8
经 　销　者：各地新华书店
印 　刷　者：北京明恒达印务有限公司
开　　　本：710mm×1000mm　1/16
印　　　张：14
字　　　数：169 千字
版　　　次：2016 年 9 月第 1 版
印　　　次：2016 年 9 月第 1 次印刷
定　　　价：35.00 元

联 系 电 话：（010）68990642　68990692
购 书 热 线：（010）68990682　68990686
网 络 订 购：http：//zgfzcbs. tmall. com//
网 购 电 话：（010）68990639　88333349
本 社 网 址：http://www. develpress. com. cn
电 子 邮 件：forkids@ sina. cn

前　言

今年是我从事教育事业的第 28 个年头，我更加坚信"有耕耘就有收获"这句话。人们常说光阴如梭，但我认为只要不为逝去的光阴懊悔，你就永远能留住它。

回顾 28 年来的体育教学工作和管理工作，我觉得无怨无悔，因为我爱这项工作，而且我为这项工作全身心地付出过，虽然伴有失败与无奈，但更有成功与喜悦、成就与满足。我更深地体会到教育是一项事业，事业的意义在于追求；教育是一门艺术，艺术的生命在于创新。学无止境，追求无限。

作为"史家人"，我意识到自己所担负的责任，对个人的人生理想和发展目标，有了相对成熟的认识和定位。"张欣欣骨干教师工作坊"的成立，让我更明确了自己的责任和使命，我有责任把史家小学优秀的体育传统及历代教师积累的体育思想和经验传承下去。同时，在史家小学集团化办学的背景下，工作坊更承担着"融合、提升、引领"的使命。

"凝萃聚力"，这四个字寄托着学校对于工作坊的期待和我个人传承史家精神的情怀。凝聚精英，汇集力量，史家小学就是这样一路走来。如今，史家小学有了更加广阔的舞台和更加重大的使命，凝聚人心，聚力发展，不正是我们共同的心愿吗？

工作坊成立不到两年的时间，我们在继承史家小学原有教研制度的基础上进行了一系列制度建设和机制创新，力求为史家小学教育集团的教师搭建成长的平台和工作的舞台。工作坊既是教研组织，也是对话平台，最重要的，还是心灵归属。在这里，我们力求让每一位教师获得归属感、认同感和成就感。

教育是服务，管理更是服务。在工作坊建设过程中，我牢记服务意识：服务教师成长，服务学校发展，服务教育改革。史家小学在我成长过程中给了我丰厚的滋养，如今，我愿意通过工作坊把这种精神传递下去。

在这里，我郑重地感谢与我始终站在一起的工作伙伴，在史家小学体育实践的辉煌里，都有你们的汗水和智慧；在工作坊每一次活动的剪影里，都有你们默默奉献的身影。我在工作坊中只是起了个穿针引线的作用，用针线把你们奉献的一颗颗闪亮的珍珠穿连起来，让它们的光芒更加夺目，更加灿烂！

相信，工作坊的明天会更好，史家小学教育集团的明天会更辉煌！

作 者

2016 年 3 月

目　录

附　录

第一章
传承与引领
工作坊的由来与宗旨

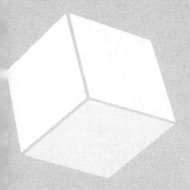

对学校发展而言，教师发展需要制度设计、资源支持和文化熏陶。对于教师个体而言，教师发展需要经验交流、专业对话和团队支持。那么，两个不同层面的对接点在哪里？史家小学给出的答案是"名师工作室"和"骨干教师工作坊"。工作室和工作坊是史家小学关于教师发展制度设计的重要举措，是为教师发展提供资源支持的重要体现，是为教师发展营造和谐氛围的重要载体。教师个体在工作坊中可以实现经验交流、专业对话和团队支持。

"张欣欣骨干教师工作坊"的成立、发展是史家小学教师队伍发展规划之一，也是史家小学教师发展制度设计的一项成果。

一、"民间"到"官方"：工作坊成立的背景

名师工作室和骨干教师工作坊是教师队伍建设的机制创新，同时也是教师发展机制水到渠成的结果。

众所周知，史家小学各个学科的教研组都是比较强大的。之所以强大的原因，一是几乎每个教研组的组长都是"北京市骨干教师"，其中不乏"学科教学带头人"，在东城区乃至北京市的学科教学领域有一定的影响力；二是史家小学从20世纪80年代开始就十分重视教研组建设，制度化和规范化管理的程度非常高。

史家小学的工作坊也经历了一个从"民间"到"官方"的过程。最初

的工作坊是由几位教师自发成立的。工作坊由教师根据自己的意愿自由组合，并自主选择研究内容，是教师们为着"共同的意愿"即要达到的共同研究目标，心甘情愿、自发自主地结合在一起的合作研究团队。工作坊在活动内容和时间上都十分灵活，能对研究中生成的问题进行及时的沟通交流和处理。工作坊，以教师共同的兴趣为"基点"，无形中构建了互为资源的教师研修团队，在促进教师专业化成长方面取得了意想不到的效果。后来，教师们组织工作坊的意愿越来越主动、越强烈，学校敏锐地捕捉到了工作坊的价值所在，在工作坊的规范化、制度化方面向前推进了一步。

史家小学学校发展规划的制定与实施，也是名师工作室和骨干教师工作坊成立的重要契机。教师的队伍建设是学校教育教学质量的根本保证，是学生以及学校可持续发展的关键因素。随着课程改革的深入发展，学校教师深感其自身素质提高的必要性、紧迫性。特别是在落实《国家中长期教育改革和发展规划纲要（2010－2020 年）》《北京市中长期教育改革和发展规划纲要（2010－2020 年）》《东城区总体发展战略规划（2011－2030年）》和《东城区经济和社会发展第十二个五年规划（2011－2015 年）》等进程中，在东城区教育均衡发展的大环境下，结合史家教师现状，秉承和谐教育理念，史家小学制定了"十二五"教师队伍建设工作规划。在规划中，学校针对不同发展阶段教师的特点，探索培养人才的新机制。这为名师工作室和骨干教师工作坊的成立创造了契机，学校希望透过名师工作室和骨干教师工作坊，依靠管理与文化建设，构建结构合理的教师专业发展新机制，探索系统、科学的实施途径。

史家小学经历了一个学期的筹划、准备、筛选，最后确认成立了 4 个名师工作室、18 个骨干教师工作坊。学校成立名师工作室和骨干教师工作坊的目的在于发挥名师和骨干教师的示范、引领、指导和辐射作用，加快学校优秀教育教学人才的成长，培养一批高水平的优秀骨干教师。以我的名字命名的工作坊——"张欣欣骨干教师工作坊"名列其中，成为体育学科教师专业发展的平台。

工作坊正式启动的那一天是 2014 年 9 月 10 日，正值第 29 个教师节即将来临。史家小学为骨干教师工作坊及名师工作坊举办了隆重的启动仪式，校长向各个名师工作室和骨干教师工作坊的主持人颁发聘书。同时，史家小学还正式发布《史家小学"名师工作室"、"骨干教师工作坊"管理办法》，促使骨干教师工作坊及名师工作室向规范化、制度化迈进。

为什么要以工作坊的组织方式来促进教师的专业发展？工作坊其实属于外来词，英文为"workshop"。在西方，工作坊最早源于德国包豪斯学院（Staatliche Bauhaus，1919 – 1937）现代建筑设计奠基人之一格拉皮乌斯的"工厂学徒制"教育理念。我国对于工作坊的研究，一部分将其作为一种参与式教学模式，在高等院校中，应用于不同领域以培养学生；也有一部分研究采用工作坊的形式，在基础教育领域中，利用名师资源，培养、提高教师素质，促进教师专业发展。可见，工作坊是一种新型的参与式研修方式，由主持者、参与者合作完成，通过立场、观点、见解的表达，在思考、交流、实践、反馈中，对所研讨的主题形成观点、方法和策略，成为一种主动参与、创新合作，在实践中解决问题的民间组织。

史家小学的工作坊以素质精良的名师为引领，在名师工作坊研修机制下使不同教师得到不同层次的发展。在行动研究中形成促进教师专业发展的方法，归纳总结形成策略。为教师专业发展的理论研究提供丰富的案例，深化课程改革，促进教师、学生、学校和谐、均衡、可持续发展，形成教师可持续发展的有效途径。史家小学强化教育科研建设，提升校本教研质量。坚持"从教学中来""在教学中开展""到教学中去"的原则，依托

"教师工作坊"，在教学中总结经验、不断反思、开展研究、改善教学行为。

名师工作坊的建立，为名教师创造了示范、辐射的平台，激发名师专业上的再创新。用名师培养新名师，通过新名师再带动更多教师的发展，构建教师团队"树状"发展的组织结构，促进教师队伍的整体发展。

"骨干教师工作坊"，顾名思义，就体育学科而言，是将学校体育学科能力突出、经验丰富的骨干教师汇聚起来，发挥对学校内或集团内的其他教师的专业引领作用。工作坊在组织活动过程中，吸引了许多青年教师热情参与，这样，工作坊的成员范围有所扩大，从而成为汇聚不同年龄段教师、集团内不同学校体育教师广泛参与的专业发展组织。

张欣欣工作坊原来的定位是将体育组内有经验、有能力的老师汇集，在教学、教科研、组织大型活动等方面有效分工，带领组内教师完成日常以及市区各项任务。但是，工作坊在实际运作过程中，其职能和定位都发生了变化。探索基于名师工作坊建设的教师发展机制，突显名师效应，利用"双主体式"特点，形成具有共同研究目标、研修方式的合作团队。在实践的基础上总结出名师工作坊研修的组织形式、运行机制、文化特征、有效策略，研究其对教师专业发展的影响作用，使不同层次的教师得到不同发展。自工作坊成立以来，以促进"教师专业发展，提升体育教学质量"为目标，通过以点带面，通过互动交流、强化引领，实现个性彰显，使得教师在专业思想、专业知识、专业能力等方面不断发展和完善，促进教师、学生、学校和谐，均衡、可持续发展，形成教师可持续发展的有效途径。

张欣欣工作坊在成立之初，更像是一个追求高、精、尖的"专业自治组织"。工作坊的成员均是教学业绩突出、教学经验丰富的体育教师，有的是区级学科教学带头人和骨干教师，还有大量获得北京市或东城区教学大赛一等奖的教师。这些教师是学校的中坚力量，学校通过工作坊把这些年富力强的教师组织起来，可以发挥团队的优势进行集体创新，对工作坊成员是熏陶和促进，同时也对年轻教师可以起到引领和幅射作用。

随着活动的开展，工作坊开始向开放、多元、融合的方向发展。有这样一件事情让我开始重新思考工作坊的定位和组织方式。

有一天晚上，工作坊全体成员给一位准备参加北京市比赛的教师集体备课。有许多并非工作坊成员的教师主动留下来，想听一听工作坊的教师是如何给参赛教师备课的，对自己的教学也会有启发和促进。在集体备课过程中，工作坊的教师们畅所欲言，对如何上好这节课提出了许多建议。作为工作坊的负责人，看到这么多的年轻教师在场，我也想听一听他们的看法。结果年轻教师的发言给了备课组全新的视角和观点，有许多细节是被工作坊的教师们忽略而又非常重要的。比如有一次集体帮助一位教师说课，工作坊的教师们更多的是围绕教学内容点评这位教师的说课，年轻教师的建议就有一种锦上添花的视角。一位年轻教师建议："我真的去说课了，我表达的时候，我不能站起来就跟背书似的，可能应该带点感情、有点表情，甚至是跟评委之间有点眼神的交流。"有经验的教师们更加关注说课教师对教学内容、教学目标、教学设计等方面的要点和措词，而忽略了这些非关内容的细节，而恰恰是这些年轻教师发现并提出来了。

有了这一次的体会，工作坊再次组织活动的时候，我就提倡让年轻教师参加，但这不是强制性的要求。结果出乎意料，所有的体育教师都留了下来，以后每次活动都是如此。我也曾了解过教师们为什么愿意占用休息的时间参加研讨，非常重要的原因是教师们感受到了教研的吸引力。

一位年轻教师这样说："我刚刚参加工作，对教学工作的许多方面还比较懵懂。我听这些做课教师的课或者听他们说课，我发现的都是优点，觉得这个老师已经准备得很好了，教法、步骤都挺好。但是，听到有经验的老教师或者是身边参加过比赛的老师的点评，我才知道原来我看到的只是表面，实际上做好一节课还有很多核心的内容和要求。工作坊的这种活动能够让我更快地进入角色，更深入地了解教学的核心要素。如果没有这种活动，只是自己去听优秀教师的课，对有些内容只能自己慢慢地体会，可能有些内容要经过很长时间才能领悟。工作坊集体备课，能让我们有机会听到其他教师的点评，像解剖小麻雀一样把一节课分析得非常透彻，课的优点、缺点都有点评，并且还会提供多种教学设计的可能，还有对学生的分析等。这比听专家指导更直接、更鲜活，更符合学校和学生的实际。有时候师傅给我们讲教学的规范和设计时，有些内容我们未必全都明白，但是听教师多种角度的点评以及教师之间的讨论，就会对很多内容领悟得更深刻一些，更快一些。"

年轻教师的参与让工作坊充满了活力，也让我们重新思考工作坊的定位，年轻教师是史家集团未来的生力军，如果能够让他们提前进入研讨状态，何乐而不为呢？因此，在学年初和学期初制定工作坊工作计划时，我们有意识地设计一些有针对性、有吸引力的活动，让年轻教师能够更加深入地参与进来，增强工作坊活动的吸引力以及工作坊的凝聚力。

二、传承与引领：工作坊的使命

我认为，一所学校的成长，取决于优秀教育教学经验和精神文化的传承与创新。优秀的教育教学经验是历代教师智慧的结晶，而学校精神是学校主流文化、先进文化的反映，是学校教育价值观念的选择。学校精神不是学校多元文化观念的反映，而是学校主流文化、先进文化的反映，学校精神是需要凝练的。学校精神是学校教育价值观念的选择，因此学校精神的构建过程是一个教育价值观构建的过程。

我认为，工作坊也承担着传承学校精神文化和优秀教育的使命。谈到"学校精神"似乎有些抽象，但我认为，学校精神不是一个抽象的符号，而是体现在每一次教育活动中，每一位教师的言行中，每一次研讨交流中……就体育学科而言，不但积累了优秀了体育教育教学经验，也是史家小学精神文化的载体。随着史家小学办学集团的成立，史家小学教育教学经验和精神文化的传承与创新显得尤为重要。史家小学对其他集团校引领什么？示范什么？发展什么？创新什么？这些问题都需要深入的思考和实践探索。我认为，传承与引领是工作坊的重要使命。

（一）传承：史家小学体育教育优秀传统

作为从教 28 年的教育工作者，我每走进一所学校，都会习惯性地关注到孩子的体态是否健康、眼睛是否明亮、笑容是否阳光，我认为这实际上包含了优质教育要表达的重要内容。学校教育的价值可以有许多种，但有一条是最根本的也是最重要的，那就是促进"学生健康快乐地成长"，就像绝大多数母亲对孩子的期待一样。如果学校教育忽视了学生的健康和快乐，一切荣誉和光环都会黯然失色。

说到学生的健康和快乐，我们自然而然地会想到学校的体育。体育在增进健康、改善生活方式、提高生活质量等方面，发挥着越来越明显的作用。体育在激发学生的运动兴趣，养成坚持体育锻炼的习惯，形成勇敢顽强和坚忍不拔的意志品质，促进学生在身体、心理和社会适应能力等方面健康、和谐地发展，从而为提高国民的整体健康水平发挥重要作用。

史家小学拥有优秀的体育教育传统，在绝大多数学校普遍追求分数的背景下，史家小学坚持把体育作为育人的重要途径。史家小学的体育教学理念先进、体育资源丰富、校本课程多样、体育活动精彩，在教育均衡背景下，史家小学作为北京市的窗口校，有责任走在促进教育均衡发展进程的前列，把史家小学宝贵的体育资源分享和辐射出去。均衡，不是"削峰填谷"，而是要高质量、高水平的均衡，因此，史家小学不但要承担与其他学校携手发展的责任，也要保持学校优秀的文化传统和教育经验的有效传承。

工作坊作为教师专业发展的自治组织，承担着"传承"和"引领"的双重使命，二者缺一不可。基于这样的使命的认识，工作坊的活动宗旨、活动设计、制度建设等都是以此为目标。史家小学积累的宝贵精神财富也为工作坊增添了深厚的底蕴和提供了宝贵的资源。

1. 史家小学体育教学理念先进

新中国成立以来，小学体育的指导思想经历了三次里程碑式的变化，从初期的"三基"体育教育思想到体质教育思想，再到"健康第一"的指导思想。《体育与健康》标准出台以后，促进学生健康、和谐地发展，成为体育与健康课程的首要目标。

体育教育要激发运动兴趣，培养学生体育锻炼的意识和习惯；体育教育要以学生发展为中心，帮助学生学会体育学习和锻炼；体育教育要关注学生个体差异，确保每个学生受益。这就说明体育教育应具有鲜明的综合性。

正像柏拉图在《理想国》中论述过的："艰苦的体育教育为的是锻炼心灵的激情部分，而不单单是为了增强体力。"教育的终极价值是什么？有人说是"每个人的全面而自由的发展"，有人说是"使人成为幸福的人"。党的教育方针是培养全面发展的社会主义建设者和接班人。这和前述的终极价值可以说是异曲同工，且更具有现代价值。

小学阶段是人的一生发展的重要奠基时期，是人一生中掌握体育知识和锻炼身体的最佳时期。在教育发展的不同阶段，人们对体育功能与价值的认识不同，体育的地位和所发挥的作用也有所不同。传统的体育与教育往往脱节，体育自身的多功能常常"缩水"。因此，在"以学生为本、健康第一"的学校体育理念的指导下，学校体育系统内部应把握好以下几个方面的和谐：在价值取向上，体现体育与教育的内在统一，与德育、智育、美育和劳动教育相和谐；在目标定位上，体现体育培养目标与学校办学理念相和谐；在实施途径上，体现体育课程与课外体育活动相和谐；在资源整合上，体现校内资源利用与校外体育资源的拓展相和谐；在教学方法上，体现小学阶段的体育与学生终身发展相和谐；在队伍建设上，体现教师专长与学生多样化需求相和谐。

在学校体育价值取向方面，史家小学主张要实现体育与各育和谐统一。学生健康的体态和精神面貌，是一所学校办学质量和水平的重要体现。体育在促进学生身体和心理健康发展方面发挥着重要的作用。除了锻炼身体、增强体质以外，体育运动带来的各种教育意义也越发突出。就像奥林匹克格言所说的"更快！更高！更强！"不只是指运动成绩，它有更深的含义，它希望运动员有更高的境界，有勇往直前、不断进击的精神。

现代社会的一个显著特征是以人为本，特别需要凸显人的创造性和个性发展。体育校本课程开发充分尊重和满足学生的个体差异和多样化需求，为学生提供更多的课程选择权利，因而有助于学生的个性得到充分和更主动的发展。体育校本课程开发的理念是"以学生的身心发展为本"，调动起学生参与体育运动的积极性，形成良好的锻炼习惯。

站在教育的终极价值上来探讨体育，体育的"育人"价值是不言而喻的。但在主智主义、主知主义的教育思潮下，体育被"弱化"了，被"分割"了。我们认为，体育+德育+智育+美育+劳动教育=人的全面发展，这样的公式是不成立的。体育的育人价值应体现在与其他各育彼此渗透、相生相融的关系中，这才是理性体育的价值观。

亚里士多德认为，体育不仅促进人身体的发展，而且应促进人的心智、道德水平的全面提高，引导人接近最高精神境界，接近善本身。他把这种深入于人的内在灵魂的美称为理性享受。实际上，这里所说的理性体育，已经达到了体育与德育、智育、美育的和谐。

20世纪90年代初，史家小学提出了"和谐教育"的办学思想。经过20年来的不断探索，形成了以"人与社会、人与人、人与知识、人与自身、人与自然的和谐"为基本框架的和谐育人思想体系。体育教育是和谐教育的重要组成部分。秉承和谐教育理念，我们确立了培养"和谐的人"的育人目标。学校体育不但育体，更要育心。首先，为了增强学生身体素质，我们针对学生发育现状，坚持开展肥胖儿童干预课题研究，进行饮食、运动调整。为每一个小胖墩开出运动处方，为他们举行"小壮壮运动会"。同时，在史家小学体育实践中，我们重视以安全教育、健康教育、生活理念、体育文化、体育精神等体育内涵全方位地影响学生。史家小学的教师们认为，体育有非常丰富的内涵，并非只是增强学生的体质。体育的本质是以人的自身为客体、以运动为基本手段进行的特殊的实践活动。它具有多种功能，除了锻炼身体、增强体质的功能以外，随着社会的进步和教育社会化的发展，体育的教育功能越加突出。体育也是一种"育人"过程，但我们不能将之与教育的"育人"等同起来；必须朝着协调"教育育人"与"体育育人"合力方向。

此外，我们还建立了"青苹果之家——史家小学青少年健康人格教育基地"。青苹果之家的特色，是帮助孩子们获得健康人格的知识，解除成长中的困惑，释放压力，寄托心灵，接受传统文化熏陶。在这里，我们关注学生品格、行为、心理、生理、体能的发展，在这里，孩子们可以学习现代健康人格知识，倾听专家讲授中医、国学知识，接受专业团训课教师进行的团体辅导，享受沙盘游戏带来的乐趣，与父母、专家沟通互动。多年来的工作中，我们努力构建校园体育文化体系，着力丰富和创新体育文化活动的内容和形式，促进校园教育文化的可持续发展，注重形成长效机制，很好地促进了学生身、心、知、趣的全面发展。

史家小学强调小学阶段的体育学习与学生终身发展的和谐统一，学校体育应该为学生终身发展奠定基础。这是学校体育面向未来的重要体现。"学校的体育教育就是为学生播种一颗健康的种子，让学生收获健康生活的理念，发展学生某一项或多项体育兴趣，帮助学生形成体育锻炼的习惯，培育学生形成良好的道德品质。

兴趣和习惯，对学生尤其是对小学生来说，其重要性如何强调都不过分。小学体育为学生一生奠基，就要突出强调培养学生的兴趣和习惯。小学生的运动参与动机是形成终身体育思想的核心阶段，要通过各种方式来引导参与动机的形成。为了调动学生的兴趣，在体育课堂教学中采用适合学生年龄特点的、学生喜闻乐见的教学方式和方法，让学生主动参与、快乐体验。因此，我们不断丰富学校体育教育模式，贯彻"我运动，我快乐"的理念。

史家小学也非常注重从培养兴趣出发，进而开发体育特长。通过拔尖人才培养机制，运用多样的校本课程，选拔出有潜质的学生组建成校代表队，接受系统的专业训练。以游泳、篮球、乒乓球校本课程为龙头，带动足球、羽毛球、跆拳道、健美操等校队的组建。

　　从选拔人材到基础学习，从培养兴趣到专业训练，都有优质的导师团队给予引领及专业教练员加入。在制订目标时首先要面向全体，再兼顾个体差异，着重培养。始终将学生们的兴趣爱好放在首位，遵循发展规律，对有潜质和兴趣的学生进行特别指导，不断深入开发学生们的潜能，使拔尖创新人才得到长远的发展及提升。

　　与学区内的兄弟学校交流校队选培经验，将优质的场地及资源分享，辅助东四七条小学组建，篮球队、游泳队、乒乓球队、足球队及羽毛球队等，带动整个学区内体育的整体发展。

　　选拔出的学生，经过三、四年的训练就能在市、区乃至全国比赛中崭露头角。孩子们收获的不单单是成绩，更多的是快乐和健康，在训练中大家懂得了什么是团队，什么是尊重，什么是拼搏，什么是坚持。曾经有位毕业生家长为老师发来这样的短信："今天是孩子在学校足球队的最后一场比赛，一场作为前锋出征的比赛，进一球，也吃到了人生中第一张黄牌。他是个性格内向的孩子，记得 2010 年看完世界杯后他就爱上了足球，去外边的俱乐部试训时，他只是在场地外静静地看了两个小时。但学校老师却在四年级的时候找到孩子让他加入校足球队，两年半的球队生活，不仅锻炼体魄、提高了球技，更让孩子逐步成了有自信的小伙子。感谢老师的悉心教导，感谢队友们的支持、鼓励。孩子马上毕业了，在球队他学到的'爱拼才会赢'将是他人生最大的收获！这张黄牌是拼搏的见证，对孩子而言胜于进球的意义。孩子们的心智成长、人格塑造更是重于技术或学业进步。再次感谢老师教练们的悉心教导！"家长们的感悟和孩子们收获恰恰可以体现出体育的魅力。

　　体育除了可以强身健体外，也可以在活动中起到育人的作用。孩子们会通过自己练习中的真实感受，体会到并明白一些道理。

2013 年史家小学足球联赛

2014 年暑假足球队学生训练

2014 年暑假足球队云南曲靖集训

2015 年足球队云南曲靖冬训

2014 年暑假足球队在云南曲靖训练

小游戏 大道理

学校里有这样一个孩子们喜欢的小游戏，游戏的名字叫"机器人"。它不受场地设施的限制，孩子们可以任意开展。首先老师先设置游戏情景，每个同学都是机器人，维持机器人正常活动的要素就是电池，那么沙包就代表了电池，要被机器人顶在头上。头上有电池的机器人可以任意自由地在指定区域内活动，但如果电池从头顶上滑落，那机器人只能原地不动，但可以向周边其他的机器人求救，若有同伴经过时将电池重新安装好，这个机器人就能恢复活动。游戏开始时，救援机器人可以用一只手保护自己的电池，同时去对同伴施救；但随着游戏难度的加大，施救的机器人不能再用手保护自己的电池，于是游戏出现了一片混乱的景象：一个机器人的电池掉了，来救他的一个、两个、三个机器人的电池也掉了，以致聚集的人越来越多。这时老师停止游戏，跟大家一起谈谈感受。出乎老师的意料，孩子们觉得最难过的不是自己头上的电池掉落不能行动，而是当同伴呼救时，他没能解救同伴还让自己陷入困境。大家总结的结论是：我们帮助别人的时候，首先要保护好自己，要量力而行，不能让大家一同陷入困境。这些道理没有人讲，但孩子们却能深深体会并铭记于心。

集体的力量大

现在的孩子多数都出自独生子女家庭，他们从来都是爸爸、妈妈、爷爷、奶奶、姥姥、姥爷围着转，他们心里最大的就是自己，最优秀的也是自己。在篮球队里发生过这样一件事。一个身体条件、素质都不错的孩子被选入了校篮球队，不论从技术还是从吸收新知识方面来看，他都远远好于身边的队友们，老师和教练也对他格外关注。然而正因为自身的出色与优秀，他不懂得跟别人合作与分享，在他的篮球场里只有进球的那个才是英雄，其他人都是配角。他认为自己是队伍里最强的一个，没有他就没有了好成绩。于是在正规训练三个月后，老师们组织了一次特别的比赛，首先是个人赛，不论技术还是投篮准确度，他都是当仁不让的第一名；但是在随后的团队比赛中却出现了逆转。老师让他自己选队友，他把心目中认为不错的队员都选到了自己的队伍里，老师把余下中等水平的同学分了一组，让两队比赛。赛前他和同伴们都觉得他们赢定了。比赛开始时他们的领先优势确实很明显，但时间一分一秒过去，当赛程过半时，大家都看到了惊人的变化，他们的优势不在了。因为不愿意将球传给队友，只愿意自己带球得分，他的体力下滑得很厉害，使得赛程刚刚过半对手就开始赶超，而他只能远远地看着对手进球无力回天。那天的比赛结束后，他很沮丧，默默地离开学校独自回家。但第二天他却将一份赛后感交到了老师手上，赛后感的题目就是"集体的力量大"，里边最让人记忆犹新的一句话就是：球场上从来就没有个人英雄，成功属于集体，失败也属于集体。篮球给他带来的不仅仅是快乐，还有做人的道理。

史家小学的体育教师提倡并践行德育、美育、情感教育在体育教学中的渗透，在体育实践中注重学生的兴趣，注重对学生人格的引导。

德育渗透，其特点是寓教育于体育活动中。在这一点上，体育同其他学科比较，具有明显的优势和得天独厚的条件。体育学科是学校中开设年限最长的一门学科，也是各学科中唯一的一门从幼儿园一直开设到大学的必修课程。学生在整个学校生活中都接受体育教育，通过体育教学，保证了学生从幼儿园直到大学，连续地接受思想品德教育。学生的各种思想意识和言行等一般不是表现在口头上，而是从他们的实际行动中表露出来的。

而体育与健康教学不同于其他学科的一个显著特点，主要是通过各种身体练习和活动进行的。教师根据学生反映出来的言行，及时并有针对性地进行德育渗透，既具体又实际，其效果是有些学科所不及的，容易收到事半功倍的效果。体育学科的教学内容，本身就具有广泛的、较强的思想性和丰富的教育因素，它处处与人的思想道德、意志品质紧密地联系在一起。体育教学中德育渗透的时机，既要在体育教学中发挥其德育渗透的优势，还要根据事态形成发展过程适时进行教育。所谓适时，就是指体育教师在课上把握有利的时机，培养学生的优良品质。

体育是一种行动的教育，通过体育过程中的行为表现，有利于培养组织性、纪律性、集体主义等道德品质。在体育活动中，常常要求克服困难、勇于奋斗，有利于培养勇敢、坚毅、果断、机智等意志，这些道德品质和意志，在体育的实践活动中，比在教室里的学习中更容易表现出来。教师针对学生的种种表现及时向学生进行教育，其效果比其他课程更实际。苏联指出："体育是形成人的道德和精神面貌的积极社会手段，促进人的全面协调发展……"美国确认："学校体育是一种巨大的教育力量。"芬兰提出："体育在道德和教育方面，能培养与社会接触的能力，为他人着想，为人正派的品质。"

体育与非智力因素的培养关系非常密切。素质教育的目的不仅仅要教授知识，更重要的是教会学生如何做人、如何求知、如何健体、如何生活、如何审美等，为学生今后的成长在各方面打好基础。体育教学融知识、技能、素质、道德、意志与情感为一体，比其他学科更具有实践性和技能性。因此，通过体育教学与课余锻炼，培养学生浓厚的兴趣，形成开朗、自信、乐观等良好的心理品质和友爱互助的思想品质及锲而不舍、坚忍不拔、敢于面对困难、战胜自我的进取精神等非智力因素。

2. 史家小学体育教学富于特色

史家小学已经退休的体育特级教师王仲生开创了情境教学、口诀教学等教学特色。这个特色不但被史家小学传承下来，并在原有的基础上不断进行创新。

（1）口诀教学

在教学方法手段具体实施中，体育老师结合教材内容总结经验，突破旧有的教学方法，依据学生的实际情况，创编出一些简单明了、通俗易懂、朗朗上口的口诀与儿歌，如立定跳远技术动作的儿歌是"两脚分开一脚宽，屈膝摆臂小燕飞，1，2，3……"，这样一来，一方面有利于学生迅速记住动作要领、明白动作要点，另一方面遵循小学生年龄阶段的生理心理特点，以学生为主体，使学生在轻松快乐中发展身体素质。

口诀教学是我国古老中华民族创造的一种教学方法，是根据教学内容的技术动作结构和特点而编的顺口溜，它类似于儿歌，听起来津津有味，念上来朗朗上口，文体新颖、简明扼要、重点突出、形象生动、条理清楚、寓意深刻有感染力，使学生能听得懂，记得牢，符合体育教学中精讲、多练的原则，充分提高学生学习的积极性。

在体育课中，生动准确的语言刺激，能引起学生相应的思维活动。在贯彻教育教学、阐明动作要领方法、启发诱导学生的积极性和自觉性等方面，运用准确、简练、扼要而通俗的语言，使学生能听得懂，记得牢，而"口诀"是具备这些特点的。在我们的教学过程中，只要有助于教学的语言、声音、形象等都应尽量采用。寻找与日常生活接近的姿态或行动来说明一个动作的正负作用，较夸张地突出学生所学不足之处，使学生像透过放大镜一样看到自己的缺点。

比如教学排球的上手传球，学生不容易掌握得恰如其分，多数的毛病

2015 年东兴杯体育教学大赛刘智敏老师：爬的口诀

脚丫 内侧 把球 传

准确 传□ 并不 难

2015 年东兴杯体育教学大赛臧景一老师：足球脚内侧传球口诀

是"又平又叉还有放花"，而正确的应该是"两手弯曲像个钩，拇指食指之间像个桃"，这样一说，形象、具体，学生明白。又如我们每节课都有"立正""齐步走"的动作，尽管每节课重复，但做起来总不整齐，我们总是要求再做一遍，学生不但得不到教育，反而失去兴趣。如果我们这样提出"立正"的要求——"三挺向前看，两脚八字一条线"，这样同学们虽然不能做到十分准确，但两者之间有了明显的形象对比，提高了兴趣，容易接受。总之，口诀教学通俗易懂，便于记忆，老师讲解不费思索，可以脱口而出，学生也能心领神会，容易接受。

语言是表达思想的工具，所以我们教师必须重视教学语言，因为这不但是一项重要的基本功，而且还是一种教学能力、一种表现艺术。离开语言就无法进行教学，更不可能产生趋于完美的教学效果。我们说的"口诀"是直接对学生讲的，说出来的话能使学生迅速理解，一听就懂，并且紧密结合学生的身体练习，来指导他们的实践，而且容易记忆，容易传诵。

在一次备篮球行进间传接球时，我们把要领编成顺口溜："球领人，人追球；人球遇，不停留；边跑动，边传球；球接稳，传对手。"上课时我与体育委员先示范，然后叫全体同学齐背几遍要领，牢牢记住。练习时同学还一边练要领，一边练动作，气氛活跃，情绪高涨，效果良好。甚至下课后，有的学生还饶有兴趣地背上几遍。可见，学生对这节课的口诀非常有兴趣。这节课对我的启发也很大，用这种形式讲技术要领，学生很喜欢。

蹲踞式跳远技术由助跑、踏跳、腾空和落地四部分组成。其中踏跳又是关键。我编的口诀是这样："助跑放松渐加力，踏跳积极莫犹豫，腾空平稳收双膝，落地缓冲脚并齐。"把助跑、踏跳、腾空、落地四个部分都包含进去了，生动形象，一目了然。

教师如果照本宣科地讲一堆，学生很难记住，也不一定愿意听。尤其是动作要领比较复杂的也不太好讲，比如越式跳高过杆的空中动作。我把它编成"一提二摆三蹬直，先跨后越要依次；起跳爆发臂展翅，拧腰展体看杆子"这样的口诀，收腹的问题就自然而然地解决了，同时还纠正了一般都存在的向前冲的错误动作。

在低年级学生的学习过程中，这种儿歌口诀式的口令，更易于激发学生的情绪，给学生以提示，并检验自己的动作。例如在原地踏步时，有些学生注意力不集中、动作不到位，可以带领学生说"前后摆臂 121，抬头挺胸有精神，大腿抬高 121"，学生随之便检查自己的踏步是否正确符合要求，并且情绪高昂，利于其他学习内容的教授。

兴趣是最好的老师，当学生对某些东西产生兴趣，就主动乐意去学习了。形象生动的口诀，改变了教师在讲解时的平铺直叙和学生听课时的枯燥乏味，朗朗上口的口诀儿歌贴近学生的生活，调动了他们的求知欲，吸引了他们的注意力。

（2）情境教学

情境教学就是把培养学生的体育兴趣放在首位，通过教学内容、材料、音乐等有效地构建学生体育运动的情境，激发学生的学习动机，在特定的情景中，完成跑、跳、投等基本运动，从而既达到学习技术动作的目的，又能让学生保持持久的学习兴趣，同时加强师生间的情感。例如：小学生对体操有着与生俱来的恐惧，低年级学习前滚翻的时候往往会有抵触心理，不敢翻滚，这时就需要老师的正确引导。课前老师精心在垫子上贴满各色水果图案的标贴，一上课老师就绘声绘色地为小朋友讲起了故事；"动物园里来了一群小刺猬，同时为每个小朋友胸前粘贴小刺猬的头像，他们经过小树林，爬上小山坡，哇哦，看到满地的果子，看看大家谁能把果子运回家。"这个时候老师在垫子上做了一个漂亮的前滚翻，背上沾满了各种各样的水果！孩子们看到老师背上的水果一个个都欢呼着要来试一试了。

教师与学生之间也是一种合作学习。教育心理学的研究表明："师生间无时不在进行着微妙的情感交流，学生的情感自始至终都伴随着教学的各个阶段。"通过合作学习，发展学生的社会适应能力是我国体育新课程五大目标中的一个重要目标。体育教师应充分激发学生学习的兴趣，发挥学生的主体作用，从小培养学生的自觉性、坚持性、自信心、责任感、主动性和独立性，在体育教学中，应充分挖掘学生独立思考的主体精神、创造潜力与发展潜能，为学生实现自主学习和主动学习发展创造良好的条件，给予学生更多自主发展空间。

通过创设体育情境，来激发运动欲望。小学生的思维特点，是以具体形象思维为主要形式，同时也具有较大的思维直观形象性，所以教师可以创设不同的情境给予学生不同的具体的体验。我们可以根据自身的特长、知识经验和本班学生的具体情况进行个性化处理，在教学的组织、教学过程以及教学风格上，自主地安排更加有利的情境。教学中的不同情境，会促使学生产生不同的学习感情，教师可根据教学内容，对场地、器材进行科学安排，并利用色彩、音乐伴奏等创造一种情境交融，具有强烈感染力的学习境界。心理学理论也指出：一个人的情感体验是从他接触的周围环境中获得的。那么在体育教学的现行环境中，应充分考虑学生的兴趣、爱好和个人体验，拉近学生与场地、环境距离；同时，体育教师应贴近学生，贴近他们的心理世界，拉近与学生的距离。好其师而爱其业，学生更是对老师所示范动作产生浓厚的兴趣，会积极模仿亲身体验，有利于学生主动参与、自我完善情感的培养，激发孩子们的兴趣，使他们以愉快、轻松、自信、积极的心理状态投入到运动中去。

情境教学有利于营造宽松和谐的课堂学习氛围。教师要尊重学生的人格与权利，与学生建立在民主平等的师生关系，形成健康、愉快的气氛与情调，使学生在和谐融洽、宽松的环境下学习锻炼。体育教师的教学语言若生动有趣，幽默动听，能拨动学生的心弦，激发学生欢快、喜悦的情绪，使学生精神振奋，课堂随之呈现活跃和谐的乐学氛围。

比如教一年级学生快速跑，新入学的学生不明白什么是快速跑，在进行教学时，可以创设一种情境：一只灰太狼在追赶一群小朋友，一些跑得快的小朋友跑在前面会脱离危险，离灰太狼近而速度很慢的小朋友会被灰太狼吃掉。这种情境不仅能使学生对教师所描述的技术动作有深刻的理解，而且能使学生在有限的学习时间内，始终兴致勃勃地处于追求知识、锻炼身体的积极状态。如果不被灰太狼吃掉，那么小朋友应该怎样？"加油！""快跑！"在练习过程中互相鼓励，使学生在愉悦的环境中完成练习。有的学生技巧动作完成得很好，这时要及时给予肯定和赞扬，借以激发学生自觉参加体育锻炼的热情，认真上好每堂体育课。体育课堂教学留给学生自主的时间，培养学生的学习能力和自主锻炼能力。通过对话、交流，促进学生思考，加速动作技能的形成。课堂中还应给予学生交谈、讨论的机会。

又如在教低年级立定跳远时，我就从童话故事"小蝌蚪找妈妈"来导入课堂，在用生动的语言和描绘法讲述故事情节的同时，师生也进入了一种角色，我让他们模仿小蝌蚪寻找妈妈并遇见各种小动物，如小猫、大公鸡、小鸭子、大象、小猴子、小兔子，最后找到了青蛙妈妈。接着引出青蛙妈妈教蝌蚪学本领——立定跳远，从而活跃了课堂的气氛，促进了个性发展。

又如在故事情境的渲染中加入儿歌辅助教学，使形式更加活泼，内容更加丰富，激发学生参与热情。创设"小白兔回家"故事情境进行接力跳游戏，一边游戏一边唱儿歌："小白兔，跳跳跳，两膝夹个小沙包。跳到草地吃青草，吃饱肚子往家跳。看谁最先跳回家，大家夸它妙妙妙"。使活动中的学生寓情于境，充分体验运动的快乐。

创设游戏的故事情境，有利于培养学生的活动能力。游戏是一项学生十分感兴趣的体育活动，它内容丰富多样，形式生动活泼，利于激发学生的学习动机。例如，将障碍跑的教学过程设计成送"鸡毛信"的故事情境。铺设垫子作为"草地"，把栏架当作"钢丝网"，用两条绳子摆成一条"小河"，用实心球当"地雷"；让学生进行爬、钻、跨、绕等动作的练习，最后将信送到"目的地"。在这样的教学活动中，学生的思维异常活跃，练习的情绪十分高涨，学习的效果也得到极大的提高。

在体育教学中有意识地通过故事情境的预设，让学生去发现问题，提出问题，从而发展学生的创造能力。例如，在一年级"大鱼网"游戏规则的学习中，教师首先让学生想象一下鱼儿生活的特定环境，将界线内规定区域比作池塘，界线外场地比作"岸"，然后提出鱼儿离开了水会怎样，在孩子们七嘴八舌地回答中得出"会失去生命"等答案。通过这种预设不直接显露目的，而是师生共同创设优化环境，对学生的心理及行为施加影响，从而一步步达到既定教学目标：学会方法，遵守规则的过程，也是激发学生创造性思维的过程。又如在教二年级"30米快速跑"时，将学生分成几个小组，充分发挥小组集体作用，启发学生思维，让学生在"怎样才能跑得更快"的问题中互相探讨，互相体会，然后创设了"小鹿赛跑"的故事情境，使学生的参与积极性强烈，更有效地开发了学生的思维能力。

创设体验的故事情境，非常有利于激发学习兴趣。体验是一种通过本身的活动经验，从中获得感性认识的过程，其主体是学生本人。在体育教学中，教师要充分为学生创设体验的情境，使学生在体验的过程中获得成功与失败的体验。

（3）快乐教学

快乐教学首先需要努力建立和谐师生关系。根据课程标准的要求，我们选择最适宜学生的游戏，满足"儿童天性好动，血气旺盛"的特点。人既是体育锻炼的客体，同时也是体育锻炼的主体。通过游戏，我们使学生在游戏中学会认识自我，学会认识他人；学会改造自我，学会帮助他人。这一切，培养出孩子们体育学习与锻炼的"坚持力"，对他们的终身运动具有重要意义。

夸美纽斯认为，儿童天性好动，血气旺盛。游戏是符合儿童天性的能量的散发；游戏是组织愉快的幸福童年的手段，是儿童生活所不可缺少的伴侣；游戏是儿童观念的有力手段，是生活的预备等。他总结出给儿童以活动的自由有三大好处：一是可锻炼身体，增进健康；二是可运用和磨练思想；三是可练习四肢五官，使之趋于灵活。

史家小学的体育课严格按照四段教学法进行，其中必须设置游戏环节。不断翻新的游戏，让学生们在玩中掌握了体育技能，提高了身体素质，越来越多的孩子喜欢上了体育课。

新课程标准要求教师能使学生在"玩中学、学中乐"，针对这一理念，教师应采用灵活多样的教学方法和丰富多变的教学手段，开放性、趣味性的游戏使每位学生都融入到教学情境之中，使学生真正感觉到体育课是在游戏而不是在进行艰苦的训练。

冬季长跑这项课间体育锻炼是令很多学生发憷的活动，我们为此编制了一些特定的情景，让学生在其中扮演角色，在游戏中达到冬季锻炼的目的。比如一二年级的小学生，把他们编成一列小火车，目的地是动物园，终点摆一些动物模型、头饰等道具，跑到终点后，学生们戴上头饰，做模仿动物的体操。体操也是教师们开动脑筋编出来的。此外，先到的学生还可以得到一枚印章，到了期末，印章最多的学生还有机会获得"体育之星"的称号。出勤率高、态度认真等都可以获得印章，这样就避免了先天身体素质差的同学永远不可能获得印章的现象。让所有学生体验到运动的快乐，贯彻"我运动，我快乐"的理念。

（4）游戏教学

体育游戏对于孩子来说是让他们真正参与的，是快乐的源泉。体育游戏符合儿童认知和情感的特点，合乎儿童生长发育的规律，是儿童精神寄托、情感表达和能力发展的一种游戏。它有歌、有舞，有动、有静，富有竞赛性、生活性、自主性和趣味性，最易满足儿童生理和心理的需要。是最有效、最有意义的活动，也是体育教育最好的方法之一。

在教学中，同一个游戏在不同年级也要提出不同的要求。如"十字接力跑"这个游戏就不宜在小学低年级做，因为传接棒和弯道跑技术学生没有学过，做起来困难就很大。再如"推小车"这个游戏趣味性很强，但在低年级也不宜做，因为低年级的小学生臂力支撑能力很差，做起来很不安全。"黄河—长江"这个游戏在小学三年级教材中已经出现，但在高年级也可以进行，该游戏虽然有跑，但主要是练习反应能力，在跑的距离上就要对不同年级提出不同要求。

在低年级，根据儿童爱模仿、有上进心、喜欢表现自己的特点，应选择一些动作简单易学、运动量小、规则简单的游戏，满足他们的运动需要，发展他们的能力，培养他们的优良品质，如"老鹰抓小鸡""青蛙过河""过独木桥"等。在高年级，可以选择一些难度和运动量较大，技术性较强，规则较复杂和竞争较激烈的游戏，如"障碍接力赛""拔河比赛"等。

要根据学校的场地、器材及季节气候变化因素来安排游戏。场地大小、器材多少是游戏的必备条件，所以要实事求是考虑游戏教材的安排。气候变化也是做各种不同游戏的一个重要因素。夏天应做一些运动量小的游戏，冬天应做一些运动量较大的游戏，春秋季节应做一些发展学生速度、灵敏、跳跃、柔韧素质强的游戏。

游戏还应和其他教材搭配进行。游戏除了单独作为一个教材上课以外，还要求考虑到与其他教材搭配的合理性，不然就起不到游戏在教学中应有的作用。在准备活动中为了活跃上课情绪，或者为了配合主教材，可以编一些游戏性辅助练习。在结束部分中为了达到轻松愉快的目的，也可选择一些活动量不大轻松快乐的游戏。在基本部分中为了弥补主教材的不足，采用一些与教材相关的游戏与教材紧密的配合。为了主教材技术进一步的巩固提高，也可安排与主教材相关的游戏，如教材是弯道跑，为了使学生进一步体会，在练习弯道跑技术时，可以安排"十字接力跑"游戏。可是在其他部分中要考虑安排发展上肢活动的合理安排游戏。

少年儿童具有竞争性和冒险性，在运动技能的教学过程中，适时地运用游戏比赛的形式，既活动了身体，强化了技术，又提高了运动技能学习的兴趣，有利于运动技能的形成。比如我在投掷教学中设计的"绝地反击"主题游戏，让学生在游戏与玩乐中学习投掷技术。一开始，让学生自主练习，尝试体验，引出投掷课题。

经常改变游戏活动的各种环境条件和活动方式（如采用竞赛的方法等），提高要求，可以全面地发展少年儿童的速度、力量、灵敏、耐力等身体素质。如传统体育游戏"老鹰捉小鸡"中，把各种奔跑、移动、躲闪、急停、转身等活动集于一体，发展了学生灵敏、速度、反应、协调等活动能力。

游戏化的教学手段也为教师开展心理健康教育提供了良机。例如，在游戏比赛中一些个性较强的学生因不服输而与对方发生争执，甚至"动武"；也有失利组的学生互相埋怨，导致受指责的学生产生怯场心理而退出比赛。这样一来，不仅影响了游戏教学的正常进行，也伤了同学之间的和气。这时，就要抓住契机，耐心地教导学生特别是不遵守游戏规则，喜欢随心所欲的学生认识游戏比赛的意义，正确看待比赛的成败，批评有碍团结的不良倾向。同时还要与学生一道分析造成失败的原因，找出制胜的有利因素。

设计角色扮演的情境教学中，游戏还使孩子扮演不同角色，既能使他们了解社会生活的基本形式，又能暂时离开自己角色，从而改变看问题的角度。例如遵守交通规则的演习比赛、伤员救护等游戏活动，在锻炼身体的同时也在进行社会适应及生活能力的培养。孩子在游戏中体会到的轮流、共享、交换、等待、互助等交往规则，将迁移到日后的社会性协作中去。

游戏的寓教于乐特点，符合小学阶段学生身心发展规律，能更好地激发学生的兴趣。通过体育游戏的活动，可以提高人的基本活动能力，增强身体素质、促进身心健康，同时还可以增强集体主义观念和团结互助、组织纪律性、勇敢顽强、克服困难等精神，它还可以灵活地运用已获得的知识、技术与技能达到发展智力和体能的目的，最终达到"健康第一"的教育宗旨。

为了调动学生的学习兴趣，史家小学教师们采用适合低年级学生特点的教学方法——游戏法。体育教学以游戏为主，但并不是单纯的游戏，所有的教学的目标和教学的设计以游戏为主线，把教学目标的要求穿插在其中，这样就能够达到寓教于乐的效果，而不会是彼此孤立的两部分。史家小学的体育教学中，传授体育技能就和游戏是有机地结合起来的。游戏有利于学生集中注意力，按照学生注意力的规律，他们全神贯注的时间大约只有十几分钟，教师就要抓住这个有限的时间把该传授的知识和技能完成，如果四十分钟全部让学生练习，学生会觉得枯燥，丧失兴趣。教师把基本的内容教给学生以后，剩下的时间就选择相关技术范围内的游戏，吸引学生的注意力，学生不但学会基本技能，还体验到了游戏和竞赛带来的快乐。

学生参加体育活动往往是先从直接兴趣开始，即对体育活动本身有兴趣。因此，教师在选择和安排教学内容及其方法时要考虑到不同年龄、性别学生的体育直接兴趣，吸引他们参与。体育课有些教学内容可能对学生来讲比较枯燥，不能引起他们的直接兴趣。同样是快速跑，应给学生的感觉是常跑常新。耐久跑可以穿插一些图形跑、自然地形跑、定时跑、追逐跑、轮流领先跑的方法手段，变枯燥单调为多样有趣，比较容易为学生所接受。营造氛围，为学生提供多种选择，让学生爱上体育，积极参与体育活动。

3. 史家小学体育实施途径多样

史家小学实现了体育课程与课外体育活动的和谐统一。体育课是落实体育培养目标的首要载体，是学校体育面向全体、以学生发展为本、促进学生个性化发展的重要途径。因此，必须高度重视每一节体育课，向"40分钟要效益"，力求每一节课都做到规范和实效，最大程度地调动学生体育运动的积极性，形成良好的体育锻炼习惯。

史家小学积极贯彻中央七号文件精神，坚决贯彻"一小时体育锻炼"要求。史家小学是多年的北京市课间操先进校，现有自编操6套，并且还在不断更新课间操的种类，以求适应不同层面学生的需求，这些广播操里包括韵律操、轻器械操、健身操、武术操等。走进史家小学校园，你会感受到一种勃勃生机与活力：每天上午第二节课后的大课间和午后体育活动课，几乎全体学生都会涌到操场上。花样大跳绳、花样小跳绳，皮球在跳跃，

三年级学生的课间活动

毽子、沙包在飞舞……阳光下，操场上，校园里人人参与，积极锻炼，学生在强身健体的运动中绽放幸福笑容，使整个校园充满无限生命力。

为了全面推进素质教育，增强学校凝聚力，丰富学生生活，使广大学生的德、智、体得到全面发展，史家小学每年都要举办不同形式的运动会，如体育节、体育周、趣味田径赛等活动。为了提高学生身体素质，学校很重视课外活动的开展。除规定的课外活动时间，学校还经常组织各年级的小型体育竞赛，形式多样，如广播操、拔河、跳绳、踢毽、小足球、小手球、乒乓球单项赛……每天课间及下午锻炼时间，操场上都会出现热闹的比赛场面，师生共同锻炼的热情高涨。在普及群体活动的同时，学校常年坚持乒乓球队、田径队、手球队训练。校手球队参加了威海、上海三次全国小学生手球锦标赛，其中男子乙组几年来蝉联全国冠军，男子甲组获得了第三名和第四名的好成绩。2007 年底手球队还作为全国冠军去台湾地区进行交流比赛。2007 年贾庆林同志到学校调研工作时还专门接见了小球员，并勉励他们努力训练要为 2008 北京奥运会作贡献。

香港澳洲国际学校与史家小学建立友好交流关系已有十来年，每年他们都要组织百余名学生来史家小学进行社会实践活动，史家的体育老师会组织双方学生进行各种体育竞赛活动。同时我们也连续两年组织学生和家长赴港回访交流，参观澳洲国际学校、中国人民解放军驻港部队。2007 年暑期，史家青少年体育俱乐部舞蹈队、学校合唱队 40 名同学在王书记、范校长以及谷莉等老师的带领下到美国洛杉矶参加"奥运倒计时一周年庆典活动"。

2007 年 8 月 9 日上午，北京 2008 年奥运会一周年倒计时麦当劳助威小冠军项目全球启动仪式在史家小学举行。国际奥委会主席罗格先生、国际奥委会副主席海博格先生、北京奥组委副主席王伟先生以及奥运会跳水冠军郭晶晶、跆拳道冠军罗薇、游泳冠军美国的菲尔普斯等运动员代表出席了此次活动。史家小学 350 名学生，以及我们邀请的七条小学、新鲜小学、春江小学共 150 名学生参与了此项活动。孩子们一下子见到了那么多大明星并且和他们进行了投篮、障碍跑、射门、曲线跑等多项体育游戏，个个兴奋不已。

2007 年 11 月 12 日，俱乐部联合东城区少年宫以及北京市青少年集邮协会组织了"2007 迎奥运集邮知识大讲堂"活动。邀请了集邮教育家结合奥运主题邮票给同学们上了一堂生动的奥林匹克历史课。这次活动也邀请了春江小学、七条小学、遂安伯小学、新鲜小学四所学校的部分同学参加。讲座结束后，同学们一起观摩了吴殿卿老人几十年积攒的、有许多中外奥运名人签名的珍贵奥运邮票。最后同学们在迎奥运万米长卷上签名，表达了热切盼望奥运的心声。

在 2008 年奥运筹备及奥运会期间，我们带领俱乐部参与并完成了多次奥运相关任务，"奥运倒计时一百天""北京 - 青岛 - 香港 奥运伙伴城市全民健身交流展示活动""东城区奥运文化广场开幕式""北京奥运会入村仪式艺术片拍摄""北京地区奥运火炬传递中华世纪坛起跑仪式""北京地区奥运火炬传递庆典活动""入村慰问各奥运代表团"等。我们的表现多次得到了北京市奥组委、北京市体育局、东城区政府、东城区教委领导的高度评价。

史家小学迁进新址以来，我们利用场地的优势资源，带动了社区的体育活动。连续四年承接了东四奥林匹克社区的运动会，连续三年承接了市区跳绳踢毽比赛，以及教委教研室举办的"小壮壮运动会""东城体育风采展示""教师基本功大赛""评优课展示"等一系列体育活动。

领巾飞扬队列广播操比赛，一直是我们的传统赛事。一个班级通过队

2015 年史家教育集团举办"领巾飞扬"队列广播操比赛备场

2015 年史家教育集团举办"领巾飞扬"队列广播操比赛备场

列、广播操来展示整个班级的精神面貌。这个比赛的结果并不重要，反倒是训练的过程会叫人难以忘怀。因为赛事的诸多要求，班中的每一个孩子都要全身心投入进去，一个人的小插曲都有可能影响着整个班集体的荣誉。从孩子到老师再到家长，全都动员起来，为了一个共同的目标努力，在练习的过程中孩子们相互鼓励，相互帮助，相互指导，不怕困难。有些班里的"小麻烦"在此时会成为"大麻烦"，曾经在一次比赛开始前一周，有个"小麻烦"找到体育老师，跟老师说："我们是班里的'小麻烦'，您应该是知道的，如果一定要我参加比赛我们班就不会有好成绩。"老师问他"这是你的意思呢，还是你们班同学的意思"，孩子说他们班人一定会支持他的，于是老师叫他下午上课的时候再说。下午的体育课上，老师有意表扬了几次这个"小麻烦"，而"小麻烦"周围的同学也在他做得好的时候给予了他肯定。在即将下课时，老师问班里的同学要不要带着"小麻烦"一起参赛，孩子们异口同声地回答"要"！老师又问那他要拖后腿怎么办，孩子们说："参与比成绩更重要，我们也相信他会努力做好。"当老师回头看"小麻烦"的时候，他已经开心得咧开了小嘴。对啊，就像孩子们说的，参与比成绩更重要，大家都在孩子们之间的那份信任，才是最重要的。

　　每年的"冬锻"系列活动，都是精彩纷呈的。孩子们投入其中，就连各班的班主任老师们也会一同上阵。冬锻比赛的重头戏一定是拔河，最短的时间、最显眼的输赢、最多人参与、最狂热的啦啦队，都为比赛增色不少。而最能抓住大家眼球的，还是每个班在获胜之后的庆祝方式，各不相同，各具特色。不管输赢都会有人抱在一起哭，有人抱在一起跳。而每当这时，我们都会看到平时严厉的班主任们，也会跟孩子们抱在一起，享受各种喜悦或是泪水。有个孩子曾经说过，跟老师拥抱在一起庆祝的时候是最快乐的，让他们觉得自己跟老师很近很近。胜利是快乐的，能跟老师一起庆祝是更快乐的，孩子们的表达简单直接，却说出的都是自己的心声。

4. 史家小学体育资源开发充分

经过多年的积淀，史家小学体育资源十分丰富，实现校内资源充分利用与校外体育资源的积极拓展和谐统一。学校场地及体育专业教室齐备，场馆开放。史家小学新校区现有 6000 平方米的操场，包括七人制足球场、200 米塑胶跑道，以及三个篮球场、三个手球场、一个标准 25 米短池游泳馆；还有一个地下综合馆，配备乒乓球馆一个，健身房一个，形体室两个。史家小学的老校舍有 100 米田径场、标准篮球场、1100 平方米综合体育馆、乒乓球厅、形体室各一个。另外还有资源课程中心——史家小学基地，基地设置了攀岩、趣味田径、形体等场地设施。这一切为学校体育提供了良好的锻炼场地和相应的运动设施。

由于学生在学校的时间有限，利用校外资源开展体育活动就显得十分有意义。相对在学校、家庭中开展的活动而言，它为学生提供了更广阔的活动空间、更自然的活动氛围、更完善的活动设施，发挥着学校和家庭所不能起到的作用。我们利用校外资源的办法是：首先，聘请专业体育界教授为体育老师培训；其次，各类培训班聘请专业的教练为孩子提供优质服务；再次，每次大型活动邀请孩子们喜爱的运动员，让学生开拓眼界，培养孩子们热爱体育的运动兴趣；又次，学校经常组织异地交流，既"走出去"也"引进来"。

校内校外资源的充分利用和谐统一，使学生对社会、对体育文化有了更深刻的认知，促进了学生健康快乐成长。

5. 史家小学校本课程丰富多彩

基于满足学生的个性化、多元化、发展性的需求，史家小学开发了一系列校本课程。利用校区多场馆满足学生全面发展及不同需求，研究开发适合学生不同年龄身心特点的校本课程，如游泳、乒乓球、篮球、健美操等，都是学生们平时喜欢参与的项目，设立这些课程既能激发学生们的活动欲望，又能让更多的孩子接受、理解、掌握一项技能，使每个孩子都受益。

史家小学的体育教育实践是非常丰富的。以阳光体育活动为载体，增强学生锻炼意识。以学生发展为中心，兴趣为先，区别对待等原则，学校先后开展以游泳、乒乓球、篮球、健美操为龙头，以田径为基础，带动足球、跆拳道、围棋、科技、击剑、武术、羽毛球等项目的培训，利用课程资源中心（史家小学基地），为史家小学的孩子丰富了体育项目，开拓了眼界，同时培养孩子养成体育锻炼的好习惯。

史家小学成立的校本课程资源中心，不断研发符合创新型人才发展的校本课程。我们的体育学科校本课程涵盖了手球、篮球、乒乓球、足球、游泳、击剑等多个基础学科内容，以及人文素养、健康意识的培养，全方位提高学生创新知识和技能，给孩子提供了多样化的课程选择，同时给孩子提供足够宽阔的视野和相对自由的成长空间。

史家小学对体育教育内涵的理解是丰富的。体育绝不等于体育课，体育课是落实体育培养目标的首要载体，是学校体育面向全体、以学生发展为本、促进学生个性化发展的重要途径。在国家课程之外，应该开发满足学生多样化需求的地方课程和校本课程。为了增强学生的锻炼意识和兴趣，更应该拓展体育的时间和空间。通过开展多种特色体育活动，学生参加体育活动的时间和空间得到了充分拓展，体育锻炼活动的整体效果也得到了明显增强。

为使校本课程能适应孩子们的需求，又能让孩子们得到专业正规的教

2012-2013 学年度冬锻比赛颁奖仪式

2014 年冬锻拔河比赛，张欣欣老师裁判

2015 年史家七条小学冬锻比赛，王欢校长发令

2015 年史家七条小学冬锻比赛启动仪式

2015 年冬锻系列比赛四年级跳绳比赛

2015 年史家小学一年级冬锻跳绳比赛

冬锻比赛场边的啦啦队

拔河比赛后庆祝胜利的孩子们

2014 年冬锻比赛学生庆祝胜利

2013 年史家小学冬锻系列比赛五年级迎面接力

学，引进有专业特长的体育教师并进行教师专业的培训就很重要。以学校体育工作坊为平台，对有专业特长的老师们进行培训，使得老师们能用适合孩子的方法让更多的孩子接受理解、掌握技能，尽量做到每个孩子都受益。经过全校范围内的家长调研及学生调研，结合相关专业老师的意见，为学生提供每周0.5课时的体育校本特色课程。

乒乓球课开设在三、四年级，这个年龄的孩子对所有的新鲜事物都有着浓厚的兴趣，愿意参与体育运动。而乒乓球是一项集力量、速度、柔韧、灵敏和耐力为一体的球类运动，同时又是技术和战术完美结合的典型。既可全面提高身体素质，也可培养勇敢顽强、机智果断、拼搏向上的精神，起到良好的心理调节作用。白色的小球飞舞，既可以提升孩子们的专注力，又可缓解长期学习对眼睛造成的压力。

篮球课开设在五、六年级，学生开始逐渐形成竞争意识，他们对于有挑战性的项目很感兴趣，愿意参与其中。并且很多学生对于 NBA、CBA 等职业篮球比赛非常熟悉，很多球星是他们心中的偶像。打篮球不但可以愉悦身心，还可以增强体质。此外打篮球还可以锻炼人的心志，帮助人获得一种乐观的精神态度、积极向上的人生态度。

游泳课开设在三至六年级，这个项目素有"运动之王"的美称，这主要得益于游泳能避免常规运动可能会对人体关节造成的损伤，而且健康益处多多，老少皆宜。很多运动员在伤后康复期都会通过游泳来帮助恢复。游泳更是保证生命安全的重要手段，是人类的一种基本生存技能。在许多发达国家，为了保证少年儿童的生命安全，各级中小学都把游泳列为学生必须掌握的技能。

在设置课程时，本着每个孩子都受益的原则，在激发学生兴趣的同时，制定出适合本校学生的课程纲要。

表1	史家小学校本课程教学申请表
课程开发题目	少儿游泳入门
课程类别	1. 学科拓展类（　　） 2. 科技类（　　） 3. 体育类（√） 4. 艺术类（　　） 5. 综合实践类（　　）
课程开发模式	1. 校际合作模式（　　） 2. 专家与学校合作开发模式（　　） 3. 教育机构与学校联合开发模式（　　） 4. 领导与教师合作模式（　　） 5. 课程运行的自开发模式（√）
课程开发者简介	刘悦老师是我校的体育老师，自小学习游泳，并在全国及北京市比赛中多次获奖，毕业于北京体育大学，在校期间一直从事少儿游泳工作，具有丰富的教学经验。她专业技术过硬，责任心强，使我校的学生掌握并提高了游泳技术，培养了学生兴趣。
课程开发背景	1. 游泳运动是一项智慧、意志、技巧、体力完美结合的竞技项目，趣味性强，深受广大学生喜爱。 　　2. 学校有专用的游泳馆并配有专业的游泳教师，教师具备较强的专业技能和教学经验。 　　3. 学校设有专门的游泳课，对课程的实施有保障。
校本课程开发的内容	熟悉水性、游泳初级教学（蛙泳）、游泳提高教学
学校课程开发领导小组意见	

学生的游泳课

五年级游泳比赛后庆祝胜利

6. 史家小学大型体育活动传统

各种活动不但提升了孩子们对体育的热爱，也增加了班级凝聚力，拉近了孩子与家长、孩子与孩子、孩子与老师的关系。为此，我们每年都会举办不同形式的体育活动，如运动会、体育节、体育周、趣味田径比赛、冬锻系列活动等。大型体育活动在史家小学已经形成为一种良好的传统。

运动会是每两年举行一次。2006 年和 2008 年学校和体育俱乐部合作先后在地坛体育场和亦庄体育中心举办了两次全校的大型运动会。许海峰、郭晶晶、胡佳、邢傲伟、钱红等多位奥运冠军及体育总局、市区体育局领导参加了活动，全校师生、家长及社区代表8000 余人参加，有 33 家媒体报道了运动会。

2011 年史家小学又携手东四七条小学在奥体中心一同举办了"和谐校园，阳光少年"万人亲子运动会，两校学生在比赛中顽强拼搏，充分展现了阳光少年勇于进取、健康向上的精神风貌，赢得了全场观众的阵阵喝彩。

在这个万人亲子运动会上，学生们精心准备了入场式表演。主题分别为奥运会的各个比赛项目。老师、同学和家长们用各种方式展现了自行车、马术、体操、游泳、拳击等 28 个奥运项目，既普及了奥运知识，又展现了史家小学的师生和家长们心向奥运的情怀。在精彩的入场式之后，学生代表和家长代表在运动场上进行祥云火炬的传递活动。参与传递圣火仪式的学生代表和家长代表都是在体育方面有骄人成绩或曾是北京奥运的真正参与者。火炬最后传到了真正的奥运火炬手——人民艺术剧院副院长、史家小学校友濮存昕的手中。他一直倡导孩子们一定要热爱运动，主动参与运动，强健体魄。

2014 年 4 月，史家小学和学区六所学校的师生和家长们在奥体中心召开了以"体育助力梦想，健康成就未来"为主题的春季学区运动会。学区

2011 年主题为"同享灿烂阳光下 健康快乐成长"东四七条小学春季运动会在史家小学举办

各学校都精心准备了入场式表演。他们穿着黑、红、蓝、绿、黄服饰，根据各校区特色组成冰球、游泳、篮球、京剧等入场式方阵，由奥运冠军陈一冰、冯喆、叶诗文、焦刘洋、吴静钰、周洋、林跃、火亮、李琰等担任旗手，最后以五环的形式汇聚在赛场中心，六（12）班学生李君容发言："在学校中，您会看到我们走上运动场、走到阳光下、走向大自然，感受着体育的魅力与激情，分享着体育的快乐与轻松……今天，我要把全体同学支持申办 2020 年冬奥会的愿望写下来，递交给国际奥委会主席巴赫先生，向他表达所有中国儿童的心声。"学校举办大型运动会的实际行动，引发出学生关注并支持北京申办冬奥会的热情。

在春季学区运动会上，创意新颖、设计精心、以亲子为主题的比赛项目引人入胜。这里有适合低年级学生的"父子钓鱼"，适合中年龄学生的"踏石过河"，还有高年级学生的"自行车障碍赛"，这些都很受孩子们欢迎。运动会项目中不仅有趣味性强的比赛，每个年级还有竞技性质的比赛，例如儿童标枪掷远，4×100 米亲子接力。

多年来亲子运动会也已成为学校的特色，家长们与学生一同投身到体育运动中去，共同挥洒汗水，共同庆祝胜利的喜悦。很多家长平时的工作很忙，经常是每天孩子还没起床已经出门，晚上回到家孩子们已经入睡。跟孩子们的接触少之又少，没有必要的交流，非常缺乏沟通。记得有一位家长曾经告诉我："我跟孩子最大的话题就是现在又出什么新型的游戏机啦，你考试到多少分我就买给你，除此之外没有任何交流。"而在亲子运动会的赛场上，家长和孩子们或是一同钓鱼，或是一同骑车，或是一起完成接力比赛，为了同一个目标心往一处想，劲儿往一处使，让孩子与家长走得更近更加贴心。记得在一次接力障碍赛上，一位爸爸因为太过投入而摔伤了腿，但他却没有停下自己向前的脚步，当他冲过终点后女儿扑进了爸

2014 年 6 月 29 日史家小学"爸爸运动队"携手中国女篮进校园活动

爸的怀里，并一路搀扶爸爸到医务站处理伤口。当时看着女儿关切的表情，爸爸激动地对医务站老师说："我第一次看到女儿为我着急，担心我的身体健康。"这样的活动让爸爸妈妈们停下了手里永远忙不完的工作，跟孩子们一起享受着运动带来的乐趣与感动，拉近了家长与孩子之间的距离。

整个春季学区运动会筹备耗时几个月，参与入场式及表演的学生有2280人，参加具体比赛项目的学生有3600人，参与亲子活动项目的家长人数2300人，运动会设置的赛项有132个，运动会产生的冠、亚军数目194个。

除了精彩纷呈的运动会，体育节也是我们每年必不可少的重头好戏。2010年举办的"阳光体育伴我成长，促进身心和谐发展"史家小学体育节，历时一周，以年级为单位，开展了丰富多彩的、适合学生年龄特点的44项趣味比赛，连风靡一时的喜羊羊也走进了史家小学低年级部的操场——那是孩子们在扮演着各种角色，体验运动的快乐。

不管是大型的运动会，还是一年一度的体育节，每次比赛活动都是体育组所有老师通力合作共同策划的结果。每次都要有新意，俗话说超越并不难，难的是超越自己，而每一次我们要做的都是要超越自己。从以28个奥运会比赛项目为主题组成入场方阵，到场地中央铺上缩小观众视觉感官的彩色画卷，再到为了配合团体操表演设计的观众席背景表演，样样都是老师们熬过一个个不眠的夜晚，费尽了心思设计出来的。从学生们团体操手里拿的道具，到比赛场上的器材，样样都是出自老师们完成教学任务之后加班加点，用双手一件一件准备出来的。老师们花费的心思和不眠不休的勤奋，成就了赛场上一道道亮丽的风景线。

随着社会飞速的发展，孩子们被太多的尖端科技及庞大的信息量所包围，书里的课本上的那些东西不再能轻易地吸引他们了，他们对很多事物

2011年史家小学春季亲自运动会一二年级武术、跆拳道团体操表演

2014年史家小学春季亲子运动会6校区入场式

2014 年史家小学春季亲子运动会 6 校区亲子操表演

2014 年史家小学春季亲子运动会比赛

2014 年史家小学春季运动会接力跑比赛

2014 年史家小学春季运动会团体操彩排

2014 年史家小学亲子运动会亲子活动

2014 年史家小学亲子运动会家长啦啦队

2014 年史家小学亲子运动会入场式击剑表演

2014 年校运会前夜体育组奥体布置场地

有鲜明的观点，好恶分明，非常有个性，但毕竟他们还是孩子，很容易受到身边的榜样的影响，大多数心中也都有着自己的偶像。

曾经有个孩子总喜欢跟老师唱对台戏，因为本身素质不错，对老师说的话总不那么信服。有一天他还向老师下了战书，而老师欣然应战。当老师轻松赢得比赛之后，孩子什么都没有说，但却越来越听话啦。很多年之后，孩子的妈妈跟老师说，就是因为那一场比赛，让孩子开始崇拜自己的老师，很听他的话，因为他觉得跟着这么优秀的老师，自己也会越来越优秀。从这一件小事，我们就能看到了榜样的力量有多大。而教师还只是学生身边的普通人，那些叱咤赛场的冠军明星，可想而知会对学生们有多么大的影响！

让学生近距离地与体育明星接触交流，让他们听听明星们的成长故事，对他们有着潜移默化的帮助，促使他们积极上进。学生们在运动会上跟王治郅比赛骑自行车，赛后孩子兴奋地跟妈妈说："我赢大郅啦，大郅说我真棒！"学生们向姚明提问，姚明对学生们送上祝福和期望，在学生们的心里转化为最大的学习动力。钱红、叶诗文给学生们改技术，让学生们觉得自己距离高水平只差一步。马布里跟学生们一起打场球，让学生们觉得自己的技术很标准。邵佳一跟学生们踢场教学赛，让学生们觉得其实带球过人并不难。每一次与体育明星的接触交流，都能提升孩子们的信心，增强孩子们的信念，让他们为了自己心中的目标而努力奋斗，让他们愿意参与到运动中去，就算将来不像自己的偶像那样出色，身体素质也会很优秀！

我们还会举办一些非常有特色的运动会，这是为了改善学生身体素质，特别是做到让每个学生都受益，都能体会到体育的乐趣。比如 2006 年，史家小学首次举办了"小壮壮运动会"，特别为小胖子们举办，让他们也爱上体育。2007 年和 2008 年学校又专门为东城区的小胖子们举办了"小壮运

2006 年奥运会跳水冠军郭晶晶、胡佳参加校运会开幕式

2009 年篮球明星姚明与学生一起过六一儿童节

2015 年北京金隅队员马布里指导校篮球队训练

2015 年边后卫安东尼奥·贝纳里沃

2015 年门将 阿尔伯托·丰塔纳

2015 年亚洲蛙王曾启亮指点游泳队训练

2013 年 3 月 20 日贝克汉姆来校 中超 3

2015 年冬奥冠军参加史家实验冬锻启动仪式

动会"，东城区46所小学的近600名体重超标小运动员报名参赛。我们通过这个活动，想让孩子明白，并不是身体胖就与体育无缘了，小胖子也可以快乐地参与体育运动。针对小胖子们的体质特征，我们经过多番研究，确定了能展现小胖墩优势的体育运动项目，如掀轮胎、拉汽车、骑球前进、搬物障碍跑、步调一致、踏石过河、沙包投准、拔河等，所有的竞赛项目都有趣味性、游戏性，能吸引小胖子们参加体育运动。这次活动在东城区乃至北京市都是首创，也成为一项先例——因材施教、提高全体学生体质的一个范例。

小壮壮运动会上，形式新颖的运动员入场仪式吸引了所有观众的目光。一个个精神抖擞的小运动员穿着五颜六色的衣服，合着节奏明快的节拍，或在轮滑鞋上翩翩起舞，或敲着花鼓，或吹起管弦乐，再加上彩带、鲜花、篮球、和平鸽、奥运五环、中国龙等等，将整个运动场装扮得气氛十分热烈。运动员出场仪式结束后是开幕式表演，整齐划一的体操表演、热辣火爆的篮球表演、活力四射的健美操以及刚柔相济的武术表演，每一项表演都让人目不暇接，观众不自觉地合着节拍鼓起掌来。我国奥运会第一枚金牌获得者许海峰为运动会鸣响了比赛第一枪！五大学区代表队进行了入场式表演，小运动员们兴致勃勃地参加了共八个项目的比赛。平时不爱锻炼的小胖子们被吸引到运动场上来，这项活动不仅让他们展现了自己的优势与风采，也让他们体会到了体育运动的乐趣，积极快乐地参与体育运动，增强身体素质。

多年来我们还先后承办了北京市中小学生跳绳、踢毽比赛、东城区跳绳、踢毽比赛、东城区中小学迎奥运阳光体育运动成果展示大会、北京市阳光体育展示大会等活动。能够出色地完成形式多样的体育活动，是因为史家小学的体育教师是一群敬业奋斗的教师，我们在工作中不断提升自我，

2013 年学校组织小壮壮运动会

追求卓越。体育组的教师多次代表学校参加全国、北京市组织的学习培训，并以优异的成绩结业。学校教师参加东城区第三届五年以下教师基本功大赛有3名老师获得区一等奖，4名教师获得二等奖，4名教师获得三等奖。这样的优异成绩离不开每一位老师的钻研、努力和奋斗，更离不开一颗颗"奉献教学、追求卓越"的心。

7. 史家小学的体育教师队伍素质过硬

工作坊开展活动的目标是实现教师专业发展，提升体育教学质量。教师专业发展是教师在整个职业生涯中，通过终身专业训练和学习，在专业思想、专业知识、专业能力等方面不断发展和完善的过程，即从新手到专家型教师的过程。教育是充满复杂性的一项活动，它虽有章可循，"教学有法"但"教无定法"，教师要实现专业发展，需要经过长期的工作，积累教学经验。

体育教师教学水平跟不上与学生需求发展的矛盾始终存在，甚至是影响体育教育发展的主要矛盾之一。造就一支素质优良、结构合理、专兼结合、特色鲜明的高水平教师队伍是提高人才培养质量的关键。史家小学一向注重教师队伍建设，在体育教师的选拔与任用上，学校力求做到高标准、特色化和多元性，我们体育组的每一位老师各具特色，以各自独特的魅力赢得了学生的喜爱和尊重。

"健康第一"体育教育理念对体育教师的素质提出了很高的要求。体育教师不但要满足国家体育课程所要求的基本素质，还要求具备很强的组织协调能力、研究能力、沟通交流能力。为了满足学生个性化和多样化的发展需求，体育教师最好具备一项或几项体育专长。正如前面所说，体育教学内容要打破过去以竞技运动项目为主线的教学内容分类方法，选择内容时要以适应现代社会生活方式变化和满足学生健身、健美、娱乐为宗旨，安排有丰富文化内涵的运动项目。健美操、击剑、游泳等校本课程或体育课外活动的实施，无疑会丰富学校体育的内涵，更好地为学生一生的兴趣和习惯甚至生活品质奠定基础。

从东城区来说，史家小学的体育教师队伍人数是最多的，共有23个体育教师。这些教师都有专业背景，对体育都十分了解。2012年参加东城区基本功考试和北京市的教师基本功培训，体育教师的成绩数一数二，专业技术绝对过硬。我们的教师当中，有教师擅长手球，曾是北京队手球队运动员；有教师擅长武术；有教师擅长田径，并且百米跑、跳远的运动技能水平很高，在东城区选拔赛中获得跳远第一名；有教师擅长游泳，曾是国家游泳队的队员；有教师篮球很棒，带学校篮球队参加北京市的比赛获得前三名的成绩；有教师擅长跨栏；还有教师擅长健美操，带健美操队获得全国大赛的第一名。他们除了体育教学，还承担校本课程、体育校队的教学，涵盖多个运动项目。学校的游泳队、篮球队、健美操队、手球队、田径队、击剑队等等参加市区乃至全国比赛均获佳绩。史家小学小手球队曾两次获得全国第一名的好成绩，国家体育总局小球管理中心胡建国主任为他们颁奖，国家领导人贾庆林来校接见小球员。

体育组内共有34名专职教师，其中男教师23人，女教师11人。党员人数5人，占全组的15%。组内有市级骨干1人，区校骨干4人，教研员3人；有小学中学高级教师职称的1人，小学高级教师5人。他们的专长涵盖了多种体育项目，其中游泳健将3人，手球健将2人，武术套路一级运动员1人，田径一级运动员1人，排球二级运动员1人，体操二级运动员1人，田径二级运动员6人。

史家小学已经组建了一支专兼结合的多元化教师团队。史家小学的体育教师队伍除了学校专任教师，还包括外聘专业教练。在外聘教练中，学校还专门聘请了一部分外教来上篮球课。这些外教上课时活力四射，而且鼓励学生用英语和自己交流，大大提升了学生对篮球运动的兴趣，同时也提升了外语水平，拓展了视野，取得了非常好的效果。不同类型的教师优势互补，各取所长，为学生体育技能的培养提供了多方位的指导与支持。面对专业的教练，学生的学习兴趣更加浓厚。

在选聘教师方面，史家小学非常慎重，学校认为体育教师的基本素养，要从品德、悟性、专业等方方面面来考察，老师爱孩子是第一条，同时在教学方面要有见解。每位专任教师都有一项或多项体育特长，除常规体育课外，还承担校本课程、校运动队的教学，涵盖游泳、足球、篮球、乒乓球、健美操等运动项目。专任教师的体育特长、先进的教学理念和方法以及丰富的教学经验成为学校体育教学质量的重要保障。

在专任教师之外，体育组还聘请了多位专业教练，并与专业体育机构合作，对学生进行更加专业的体育技能训练和培养。学校现共有校队 12 个，包括篮球、足球、乒乓球、羽毛球、冰球、高尔夫球、游泳、击剑、健美操、啦啦操、跆拳道和田径。每个校队均聘请了具有多年从事青少年体育培训的高水平教练。为了提高学生的运动水平，校运动队在寒暑假都要组织学生外出集训，至今已经去过韩国，以及国内的哈尔滨、海南、云南海埂、四川金强、广东伟伦体校、秦皇岛国家训练基地，都是国内最好的训练场所。在韩国，篮球队与当地小学生共同训练与比赛，提高了自身技术水平，也开拓了视野。在云南海埂，游泳队与国家队在同一场馆训练，还与游泳名将叶诗文进行技术方面的交流。在广东伟伦体校，校队学生与体校的高水平运动员共同训练，世界冠军曾启亮还亲自到游泳馆指导学生们。经过三年的努力，各校队的成绩突飞猛进，足球队多次击败传统校获得东城区冠军。健美操队多次获得全国、北京市比赛个人、团体第一名。啦啦

2014 年 2 月 5 日史家小学篮球队赴韩国交流访问

篮球队 2015 年云南曲靖夏训（低年级组）

游泳队 2015 年广州冬训

操队在 CBA 联赛 14—15 赛季揭幕赛中开场演出，并多次在 CBA 赛场上中演出，得到观众与主办方的好评，被称为"CBA 的小精灵"。冰球队连续三年获得北京市校际冰球联赛冠军。在提高学生运动水平的同时，老师们通过与教练的共同探究，制定了一套更加有效的教学方式和学生管理模式，为学生提供了更加优质的体育教育，保证教学的专业性和科学性。

专兼结合的体育教师队伍为史家小学的优质体育教学奠定了基础，教练拥有专业的、高超的运动技能，能够组织学生进行更加专业的体育训练，但有时缺乏教育教学经验，其传授技能的方式不容易被学生接受，因此教练需要与学校的专任教师合作，共同探究更加有效的教学方式和学生管理模式，双方通过优势互补，为学生提供了更加优质的体育教育，保证教学的专业性和科学性。

体育教师是这样一群人，他们是生命运动的舞者，他们充满激情、阳光帅气，活力四射，"身怀绝技"，与其他学科的教师相比具有非常明显的特点，其特有的精神面貌、体育技能、教学风格往往会强烈地感染学生，对小学生形成潜移默化但非常深刻的影响，构成了体育隐性课程的内核，以其独特的魅力发挥着有字教材和显性课程无法取代的教育价值，对激活学生的运动热情，促进其身心全面发展具有重要意义。

（二）引领：史家教育集团一体化管理的尝试

2008 年 4 月，史家小学和七条小学在东城区教委的领导下结为"深度联盟校"。六年多来，两校不断推进联盟建设，在义务教育均衡发展方面进行了有益的探索和尝试。

史家小学一直致力于促进区域优质教育资源共享，推动义务教育高位均衡发展。2008 年，为进一步落实《北京市中长期教育改革和发展规划纲要》"推动义务教育优质均衡发展，建立健全义务教育均衡发展保障机制"和《东城区"十二五"期间教育事业发展规划（征求意见稿）》"完善义务教育均衡发展机制，促进资源共享，切实缩小校际差距"的相关政策要求，史家小学与东四七条的合作涉及教师资源共享、研训互动机制建设、教育理念共享和硬件条件共享等方面，在 2011—2012 学年开学前两校联合召开的行政会议上，两校管理层一致认为，通过全方位的资源共享，史家小学的优质教育资源得到了深度挖潜，七条小学的固有教育资源得到了迅速扩充，从而实现了资源配置的"帕累托最优"。

为全面贯彻落实党的十八届三中全会关于全面深化改革的精神，2014 年 5 月 22 日，中共北京市东城区委北京市东城区人民政府印发了《东城区深化学区制综合改革全面提高义务教育优质均衡发展水平的意见》（京东发〔2014〕6 号）。《意见》提出，以深化学区制综合改革为攻坚方向和重点举措，大力促进教育公平，全面提高义务教育优质均衡发展水平，努力办好人民满意的教育。史家小学作为优质资源校，将和谐的教育理念践行到推动教育均衡发展中，以共识共谋、共为共享、和谐发展作为思想指导，发挥辐射作用，在校际、区域联盟中互惠互利、共同发展。史家小学打开校园大门、教研组大门、班级大门，形成校际间的大年级组；骨干教师在集团内教研活动中主动承担工作，在提供资源的同时也提升自我。工作坊在这种改革背景下承担了与以往不同的使命。

1. 以工作坊为依托的集体教研

《东城区深化学区制综合改革全面提高义务教育优质均衡发展水平的意见》（简称《意见》）明确了深化学区制综合改革的发展目标和包括建立学区内校际间联合发展工作机制、深化学校联盟机制（简称"盟"）、探索九年一贯制学校实验模式（简称"贯"）、构建优质教育资源带（简称

"带")、探索优质初中深度联盟一体化办学管理等一系列实现学区教育品牌化的具体改革举措。"深化学校联盟机制"指通过"一长两校制""大年级组制""联盟一体化管理""校舍资源共享""干部教师轮岗交流"等措施，实行统一管理、统筹资源，进一步扩大优质资源。

优质教育资源带是"以学区内优质品牌学校为龙头，联合周边的 2 - 3 所普通学校，统一招生、统一管理，统筹师资及教育教学活动，学生根据就读学段在不同校区内流动学习"。

探索九年一贯制学校实验模式指"通过学区内优质品牌小学增设初中部和示范中学增设小学部两种方式，实行统一的学校行政、教育、教学一体化管理"，最终建立九年一贯制优质品牌学校。以优质中学或特色中学为主导，与办学实力一般的普通小学结成对口直升关系，借助优质中学的品牌效应和资源优势带动普通小学的发展，进而打造九年一贯制优质品牌学校。这种九年一贯制学校创建的模式可称为"自上而下的贯通模式"。而以优质品牌小学通过增设初中部建立九年一贯制学校的方式，可称为"自下而上的生长模式"。

根据《意见》，"深化学校联盟机制"改革的政策目标是"实行统一管理、统筹资源，进一步扩大优质资源"；"探索九年一贯制学校实验模式"改革的政策目标是"实行统一的学校行政、教育、教学一体化管理，力争到2020 年，每个学区都建立 1 所以上的九年一贯制优质品牌学校"；"构建优质教育资源带"改革的政策目标是实现"统一招生、统一管理，统筹师资及教育教学活动，学生根据就读学段在不同校区内流动学习"。

2015 年 3 月 1 日，值新学期开学之日，史家教育集团在北京市东城区成立。该集团将在战略定位上坚持"优质均衡"，在资源管理上强调"资源整合"，力求在品牌发展上实现"多方共赢"。在 2014 年启动的教育综合改革中，史家小学充分发挥优质教育资源辐射作用，在与七条小学多年成功深度联盟的基础上，按照东城区学区制改革部署，新增深度联盟校——史家小学分校、西总布小学，新增九年一贯制学校——史家实验学校，新增优质资源带学校——遂安伯小学，形成一校多址的学区化、集团化办学格局，并经过系统调研和综合分析，完成了集团发展的理念、战略、机制等顶层设计，形成一系列教育综合改革的"史家经验"。

在义务教育综合改革中，我们承担了多项改革任务。一是史家小学与遂安伯小学实施了一体化管理，形成三校区的优质资源带；二是原曙光小学升级为九年一贯制的史家实验学校，与史家小学实现紧密型的发展；三是史家小学与西总布小学、史家小学分校结为深度联盟校，两校保留法人代表，与史家小学实现相对紧密型的发展；四是史家小学与通州史家小学分校、延庆二小组成城乡一体化学校，形成了"1＋1＋11"和"2＋2＋2"的办学格局，成立了史家教育集团，为促进教育公平、推动区域均衡打造了一个新载体。

史家教育集团以现代化、国际化、品牌化为主要发展方向，致力于形成一种优质均衡发展、全面和谐成长的教育新生态。然而，相对于过去的办学模式，集团的管理层级增加了，亟需机构的扁平化；部门叠合增多了，亟需职能的协同化；校址离散增大了，亟需沟通的即时化；师资规模增长了，亟需价值的共通化；生源范围增容了，亟需测控的灵敏化，等等。我们必须直面如何在秉持史家和谐教育的基础上高效地整合资源、协同机制、共识理念等一系列难题。对此，我们围绕"和谐"的价值理性，以"种子计划"为核心战略，统摄运行机制及工作任务，着力发掘每一粒种子的生长点，着力创拓一片无边界的史家教育。

在集团化教育的生成中，学校既注重学校发展的历史性，又强调区域发展的现实性，以"和而不同、共同发展"即"和谐＋"为集团理念，推动集团战略、机制、资源的共建共享，让教育优质在均衡拓展中提升，让教育均衡在优质提升中拓展，从而实现"相同的舞台、共同的未来"的发展愿景。

基于集团建设理念，学校制定了"五年期、三步走"的战略步骤，初建期（2014—2015）重在制定标准、形成体系，发展期（2015—2017）重在打造精品、树立标杆，成熟期（2017—2019）重在提升品牌、优质均衡。在此基础上，我们丰富了史家小学"种子计划"的主体内容，使其成为集团发展的核心战略。"种子计划"即史家的集团教育以"和谐"为起点，以培养"和谐的人"为目标。基于内部突破，致力于形成"五大和谐支柱""五大基本意识""五大基础能力"，从而夯实基础教育的基础；基于外部打破，致力于形成包括优质的课程、优质的项目、优质的教师、优质的资源、优质的机制在内的"五大优质"，为每一粒种子的生长内蕴优质的教育生态。在这里，我们把一位位学生视为一颗颗种子，为他注入良好的发展基因，使他尽可能丰满，尽可能充满活力，尽可能持续发展。同时，我们也把优质教育看作一粒鲜活饱满的种子，深深植根于每一个集团人心中，在有质量的均衡发展中促公平、增活力。

集团初步确立了"条块并举、纵横贯通、统分结合"的集团运行体系。具体讲，"条"指每一个集团校长分别负责一个管理条脉；"块"指以集团所辖各个校区为管理板块；"条块并举"指现有的六位集团校长不仅需对分管条脉负第一责任，而且需以集团精神引领各自校区发展，内化集团标准，外化集团品质，并在深入服务中将校区干部教师因精力、能力和权力所限而无法解决的办学问题迅速准确地反馈给集团管理委员会，同时发挥自身政策引导、智力支持、资源调配等工作职能，改善和服务校区发展。"纵"

指由集团校长、校区校长、部门主任、学科组长等构成的管理层级；"横"指由跨校区分年级组成六个大年级组；"纵横贯通"指由六位集团校长牵头的纵向管理层级在年级层面打破条块分割，实现横向协同，即各集团校长分别下沉到一个集团年级组，与年级组长建立直接联系，优化部门配合，有效化解年级组工作层级上报、无人统筹的实际困难，深入服务一线工作。"统"指教育教学标准制定、质量监控、教育督导等核心职能"统"在集团；"分"指教育教学具体实施、行政管理、安全保障、电教支持等辅助职能"分"在校区；"统分结合"指集团在全局布划方面有"统"率力，各校区"分"别保留教育特色及其执行的灵活性，合力形成一幅集团主题鲜明、校区特色显著的史家教育地图。在史家教育集团，一个"条块、纵横、统分"三维协同的治理体系正在逐步形成，为各项工作的共治、久治和善治提供了体制保障。

在网络化运行中，我们以"协同机制"协调校区工作，以"流动机制"统筹内部资源，以"复盘机制"强化效果监督，以"荣点机制"和"榜样机制"提升教师干部的专业化水平。五大机制在协同机制的提领下，共同致力于从内部组织、规章制度、教育特色、管理队伍、重大活动等多个层面联动地推进学区建设的"理念互联、机制互动；课程互联、课堂互动；活动互联、科教互动；师生互联、管理互动；校区互联、品牌互动"。

针对具体项目的运行，学校还搭设了"教师领导型"治理结构，强化教师领袖的专业影响力与学术领导力。史家小学把教师发展作为集团的核心工作，以教育科研为抓手，固本强基，有效推进"教师发展共同体策略"，有计划、有步骤地对各校区体育教师发展进行专业培养与规范引领。

教科研资源共享将成为集团办学改革的一个重要组成部分。现在，史家小学与其他集团校建立了互动的科研发展机制。一是形成了互派优秀教师深入对方学校一线教学的制度；二是形成了师徒帮对和联合教研组制度，两校教师根据学科特色和教师的发展方向，形成带徒、带教、带课题的常规化活动。这其中，教师工作坊制度使两校有共同研究取向的教师结合在一起，形成学习、研究、交流、实践的共同体，在日常的合作中渗透科研，构建"互为资源"教师科研发展模式。

随着"集团化"进一步推进，史家小学集团与其他集团校也走出磨合期，相互学习交流更加顺畅，凸显在联盟校之间的学科教研上。集团校教师走进工作坊，一同教研，促进青年教师快速成长。集团教研，根据集团校教学薄弱环节和教师发展需求为重点设计研讨活动。可以说，集团化办学之后，史家小学打开各校区原有的教研边界，实现教师专业发展的融合。在联合教研中定方向、定标准、定重点，规定各学科每周开展一次组内教研，每月开展一次学区教研，每月与区教研中心对接开展一次学科活动。教研做到了有主题、有内容、有记录、有反馈。联合教研融汇了比传统教研更多的研修要素，有效沟通了各校区教师的智力资源，有效促进了各校区教师的共同发展，参与活动的教师们普遍感到"有所获、有所得、有所悟"。

集团化打开了各校区原有的培训边界，实现教师职业成长的融合。我们依托区教师研修中心的专业力量对入选学区"专家名师工作室"和"骨干教师工作室"的教师进行"双导师制"培养；我们与北京师范大学合作启动中层以上干部的领导力培训项目，提高管理效率，助力职业发展；我们与国家博物馆签订了合作协议，依托"导师制"的人文培训项目为教师提供专业化成长的深度引导和高端引领；我们还将在区教委与教研中心的指导下，与中国教育学会、国子监等专业机构共同兴办史家教师培训学院，全面提升学区教师的专业品质、职业素养和教育幸福。

工作坊以素质精良的名师为引领，通过名师工作坊研修机制，使集团内不同教师得到不同层次的发展。自工作坊成立以来，就以促进"教师专业发展，提升体育教学质量"为目标，通过以点带面，通过互动交流、强化引领，实现个性彰显。使得教师在专业思想、专业知识、专业能力等方面不断发展和完善。促进教师、学生、学校和谐，均衡、可持续发展，形成教师可持续发展的有效途径。

2. 六校区一体化发展试点

2015 年史家教育集团成立，体育组有幸成为第一个六校区一体化发展的试点。所谓一体化发展，就是通过一定的机制和措施使六个校区的体育在同样优秀的水平上协同发展，但是又要突出集团校各自的特色。六校区一体化发展，给工作坊发挥引领辐射作用提出了更高的实效要求。工作坊要在优质均衡的要求下有更多的作为。这是一个具有挑战性的任务。

工作坊如何承担这个使命？经过工作坊成员的深入讨论，我们首先明确了工作方向。通过体育精神凝聚人心，构建"理念共享、资源共享、方法共享、成果共享"的运行机制，使集团各校区的优质资源得到有效放大，实现规模、质量和效益的协调发展，努力形成"一校一品"的高品质教育。例如，史家七条小学的体育特色就是："小场地也能养出精气神"。

其次，针对六校区体育教学的现状，以及中央和市区体育工作精神，制订科学目标。第一，传承和推广史家先进的体育文化，以"体育教学"为载体培养身心健康、意志坚定、文明有礼的健康少年，实现全面育人。第二，打造共同体优秀教师团队，形成各校区均有特点突出的，骨干教师引领的集群放射模式。第三，整合优势，打造集团鲜明的体育教学特色，构建校本课程，让体育成为优化学生生命质量的源泉。

接下来，工作坊结合工作方向，开展了许多的具体的工作，开展了一系列相关的活动。工作坊非常注重提升全体体育教师的理念，达成共识。我们不断深化、强化共同发展的理念，理清协同发展的思路，形成共同的发展愿景。工作坊组织教师们回顾以往工作的历程，在感受辉煌的同时，使全体教师明确和谐团队要求与理念，形成团队努力的原动力。

为了促进教师们真正的融合，工作坊也组织了丰富多彩的活动，凝聚人心，让教师们不断品味教育的意义。通过研讨，梳理经验与规划未来，组织观看赛事提高专业鉴赏力，野外拓展、军训增强体育精神，使大家真正理解和谐的意义，在统一认识基础上，形成团队努力的合作力。

史家小学教师队伍建设有一条成功的经验，就是"整体优化"。整体优化指的是教师个体不一定是最优秀的，但是优势互补的教师团队一定是最强大的。这个道理和田忌赛马的故事有些类似。田忌赛马的故事说明，个体的优势不等于必然会转化为整体的优势，个体的优化不等于是整体的优化。史家小学形成教育品牌，在一定程度上归功于高素质的教师队伍。史家小学在全国、全市都非常有名的教师不少，史家小学的名气也越来越大，他们靠的是什么呢？靠的就是教师队伍的整体优化。就像一架机器，不见得每个零件都用最昂贵的合金钢制成，但形成了最优的组合，每个零件都在其中发挥了最优的作用，这台机器就是最优的。史家小学的教师队伍就像这样的一台最佳组合的"机器"。

我由此想到，当前人们谈优化教师队伍时，往往只侧重于教师个体的培训，或进行硬性的淘汰机制，而忽略了对教师队伍的整体优化和对教师劳动整体功能的发挥。教师的劳动，从形式上看是一种个体劳动，然而实质上却是一种集体协作性的劳动。任何一位教师的工作都存在着教师群体的纵向连续性和横向联系性，教师工作本身所具有的这一劳动特点，决定了学校管理工作必须充分注意教师队伍的整体优化和发挥教师劳动的整体功能。另外，"金无足赤，人无完人"，完美无缺的教师在现实生活中是根本不存在的。要做到教师队伍结构合理，关键在于要使各种类型的人才能够做到长短互补，相得益彰。如果注意合理配备，长短相济，就能形成整体优势。

"整体优化"这个思想启发了我。工作坊为什么就不能把所有校区的教师进行整体优化，激发每一位教师的潜力呢？于是，我做了两件事情。第一，整合优势，合理配置。将六校区教师，按照特长、能力等进行统一调配、流动，做到各校区均有两名以上骨干引领的均衡力量。实现教师队伍的专业互补，能力互补，性格互补，引领各校区发展。第二，轮岗轮职，盘活资源。每名教师都有机会到各校区轮岗工作，参与教研、亲历实践、课后训练等。老师们真心接触，不仅加快融合的步伐，使每名教师拓展了眼界，开阔了思路，收获了宝贵的教育教学经验，锤炼了能力，还促进了自身专业成长。

集团六个校区的所有体育教师在所有校区内无障碍跨校流动，为各个校区的教师队伍注入"活水"，使教师队伍实现真正的"融合"，在管理工作中我们深刻地感受到：所有校区的教师只有真正地融合，史家教育集团才更有凝聚力，才更有创造力。而教师之间真正的融合，既需要"时间"，也需要"空间"。所谓需要"时间"，指的是教师们需要一段时间来慢慢增进了解和理解，教师们的归属感和认同感需要慢慢建立，不可操之过急；所谓需要"空间"，指的是来自各个校区的教师坐在一个办公室里工作，面对同样的学生，经历同样的困惑，教师的"身份"归属不再成为教师的标签，这才是真正的融合。就像一位教师说的："各个集团校的教师之间的融合，是心的融合，心的融合取决于价值观和归属感。"这句话对我的触动很深。

那么如何实现六校区的一体化发展呢？经过工作坊骨干教师的研讨，我们决定以工作坊为平台和载体，以研学培一体化创新机制为载体，让教师们看到职业发展的美好前景，看到身边的教育卓越发展，教师们一定会感到事业的激情和动力。我也曾深入了解过集团化办学之后教师们的心态，其实，对于教师们来说，他们爱的是孩子，爱的是教育，在哪所学校工作并不那么重要。我希望工作坊成为所有教师发展的平台和归属的空间。

工作坊通过创新教研形式，使集团教研成为帮助教师成长和积累经验的平台。据教师们反映，集体备课是教师们最为受益的一种形式。教师组成团队，集思广益，并通过分小组互助备课，共同研究教学、解决问题，使不同层面的教师上好三节课，即教学常规课、教学大赛课和教学示范课，分别打造合格教师、骨干教师及名优教师。

工作坊组织教研活动时强调"共同参与"，让所有校区的教师都有展示的平台。校本教研中要求教师轮流主持，人人要参与，人人要发言，淡化教研活动中的身份与资历的影响，通过相互间的交流、学习、启发和探讨，实现推陈出新，提升教学能力。

同时，工作坊也是教师们各展所长的平台。工作坊组织集团教师参与高水平的教学大赛、基本功大赛、论文评选等，提升业务能力，促进体育团队内部良性竞争、良性讨论，培养高素质教师，获得了一大批奖项。高起点的教师队伍，为集团优质资源均衡化奠定坚实基础。

经过一段时间，集团校教师们参加工作坊活动的积极性越来越高涨。其实，教师们都非常渴望发展，有时只是缺少一种氛围，一种平台。史家小学恰恰为他们搭建了这样一个平台。有的教师告诉我："由于学校规模小，学校只有一名体育教师，教研只能参加科任组的集体教研，缺乏针对性和实效性。教师们参加高层次培训的机会少之又少。"而这位教师非常愿意参加工作坊定期组织的与校外专家的研讨。他认为高端引领，能够更快地提升体育教学质量。工作坊定期聘请教育学院、教科院专家搭建平台，让各校区教师与教育大师同台，进行现场教研。聘请市、区教研员作为导师，指导集团体育教学工作。这样的机会对一般学校的教师来说是非常可贵的。

目前，工作坊的队伍更加壮大了。工作坊原有成员有张欣欣、金帆、张东海、刘延光、刘禹、张凯、牛东芳、臧景一、吕庆伟老师，为了充分发挥不同层面教师特长，根据不同老师的特点创造适合他们的学习发展机会，工作坊在学区中再选拔新一批优秀教师加入工作坊。新增成员刘悦、徐礼峥、刘媛、刘敏、陈凯、李晓雷、李芳、何莹老师，新增老师的加入为更好地工作创造了有利条件。

工作坊在运行过程中注重深化理念，理清思路，形成共同的发展愿景。通过回顾以往工作历程，在感受辉煌的同时，使全体教师明确和谐团队要求与理念，形成团队努力的原动力。工作坊也力求通过多彩活动，凝聚人心，品味教育的意义。通过研讨，梳理经验与规划未来，组织观看赛事提高专业鉴赏力，野外拓展、军训增强体育精神，使大家真正理解和谐的意义，在统一认识基础上，形成团队努力的合作力。

在实施一体化管理过程中，我也非常注重和谐氛围的营造。让所有教师能够在宽松、友善的氛围中工作和学习。我始终认为，教师快乐，学生才能快乐，教师安心，学生才能放心。因此，工作坊通过各种方法促进教师团队的和谐。在和谐氛围的凝聚作用下，整个教师团体形成的堡垒很坚固、很强大，方方面面都能发挥作用。工作氛围好，能发挥每位教师的本领和潜能，学校有很大的空间和平台，能够把教师的特长很好地发挥出来。和谐氛围使教师们相互协作，形成了默契，每位教师也都特别有干劲。

第二章
规范与实效
工作坊的制度建设

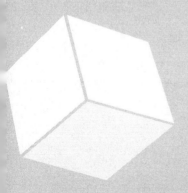

工作坊寄托了学校对体育教师发展的无限期待。如何让工作坊有序、有效地运作起来呢？为了提高工作坊工作质量，保证工作坊日常工作的开展，制定行之有效的制度是非常重要的。对于工作坊而言，制度就是工作坊日常活动的准则。可以说，制度建设是工作坊建设的重要组成部分，对于提高工作坊负责人的执行能力、规范工作坊的日常活动以及保持和发展工作坊的作用，都具有非常重要的意义。

工作坊制度的建立，是全体工作坊成员共同商议制定的，是共识基础上共同认同的价值取向、行为准则和行动策略。可以说，所形成的制度是为工作坊量身定制的，在实际执行过程中也取得了比较理想的效果。

一、"双导师制"：为教师发展保驾护航

工作坊实行"双导师制"，这是史家小学关于"骨干教师工作坊"的整体设计。教师们都说，史家小学为教师提供的发展平台大，起点高，其中很重要的一个原因是——史家小学与校外专家建立了密切、友好的联系，成为教师发展宝贵的专家资源。多年来，校外专家为学校发展和教师发展提供了宝贵的智力支持和人脉支持，可是没有通过一定的制度建立长期的、常态的、深度的合作关系。而工作坊实行"双导师制"，学校经过周密的策划，为每个骨干教师工作坊聘请了一位校外导师，校外导师与校内工作坊负责人共同担任导师。这样的制度设计使工作坊成员接受校外专家地指导

变得常态化，其作用不言而喻。

体育学科工作坊也是"双导师制"。我作为工作坊的负责人责无旁贷地担任导师，另外，学校聘了请东城教师研修中心体育教研员马龙为导师，指导工作坊的教研工作。多年来，马龙老师是史家小学宝贵的专家资源，在教师中的威望很高。教师们既信服他的专业能力，又佩服他的人格魅力。马龙老师对史家小学体育教师的发展情况非常关注，并经常给予一些具体的指导和帮助。另外，史家小学，尤其是体育教研组，一直和马龙老师保持着非常好的合作关系。东城区组织体育学科的教研活动或其他活动，马龙老师经常会提议让史家小学承担，而史家小学的教师们出于责任感和荣誉感，都会出色地完成任务。在承担这些任务的同时，教师们的能力和视野都获得了提升。双方建立了友好、信任的合作关系，那么，马龙老师成为工作坊的导师就成为水到渠成的事情。

自工作坊成立以来，马龙导师为工作坊的运作和发展作出了突出的贡献。他主动为工作坊的建设出谋划策，参与工作坊的日常教研活动，并深入教师课堂进行有针对性地指导。因此，得到了教师们的认可和喜爱。

另外，由于马龙老师担任工作坊的导师，工作坊的活动由校级活动上升为区级活动，工作坊的影响范围扩大到校外。正因为如此，工作坊成员在开展活动时更加注重活动开展的质量，无形中增强了集体荣誉感和专业发展的使命感。在马龙导师的指导下，工作坊不但成为学区的教研团队，为学区创造高质量的教学成果，也作为学区名师的培养基地，选入工作室的优秀教师，均作为学区将在今后进行重点培养、宣传的对象。教师们感到，加入工作坊以后，平台更大了，责任更重了，发展的动力更足了。

工作坊实行"双导师制"，并不意味着教师发展的专家资源仅局限于两位导师。工作坊成员除接受两位导师的指导之外，还有机会与校外更多的

张欣欣体育工作坊双导师——马龙、张欣欣

工作坊集体教研

2015 年张欣欣工作坊例会

专家开展专业交流。工作坊积级搭建体育教师与校外专家对话的平台。在导师的引领下，学区为主持人与教育学院、教科院专家、学者搭建平台，让各校区的名师与教育大师同台。工作坊定期聘请教育学院、教科院专家搭建平台，让各校区教师与教育大师同台，进行现场教研。史家小学实行集团化办学之后，学校也聘请了市级教研员做为校外导师，指导集团体育教学工作。

二、"角色分工"：让每一位成员拥有存在感和成就感

一般认为，优秀团队的有如下几个特征。第一，明确的团队目标。一个好的团队，大家一定有共同的、明确的目标，是大家都认可的，是一面旗帜，大家都朝着旗帜的方向前进。第二，共享。一个好的团队，就在于团队成员之间，能够把为了达成团队共同目标的资源、知识、信息，及时地在团队成员中间传递，以便大家共享经验和教训。第三，不同的角色。好的团队的特点就是大家的角色都不一样，每一个团队成员要扮演好自己特定的角色，角色互补才会形成好的团队。第四，良好的沟通。良好的团队首先能够进行良好的沟通，成员沟通的障碍越少，团队就越好。

剑桥产业培训研究部前主任贝尔宾博士和他的同事们经过多年在澳大利亚和英国的研究与实践，提出了著名的贝尔宾团队角色理论，即一支结构合理的团队应该由八种角色组成，后来修订为九种角色。贝尔宾团队角色理论是，高效的团队工作有赖于默契协作。团队成员必须清楚其他人所扮演的角色，了解如何相互弥补不足，发挥优势。成功的团队协作可以提高生产力，鼓舞士气，激励创新。

　　团队建设或团队角色理论给工作坊带来很多的启示。如何让工作坊每一个成员都有"存在感"和"成就感"？"存在感"让工作坊的每一个人都认为自己在团队中都是很重要的，在发挥着不可取代的作用。实际上，团队中的每一个角色都是工作坊建设或教师团队发展所需要的，也都是非常重要的。工作坊的活动对于成员来说，不只是被动的参与，而是主动的贡献，这需要进行制度设计。而"成就感"，按照我们理解，就是要让工作坊成员不断地体验"成功"，体验被认可、被尊重的感觉，同时工作坊成员感到专业成长的快乐和成就。这也正是工作坊存在的价值所在。

　　多年来，我带史家小学体育教师团队过程中也有这样一种体会：没有完美的个人，只有完美的团队。史家小学体育教育取得的成绩有目共睹，但作为这支团队的带头人，我深刻地体会到，没有每一位史家小学体育教师点点滴滴的辛苦付出，就不可能取得这样的成绩。我常常对别人说，史家小学体育教育取得的成绩，源于体育教师在每一节体育课上的默默坚守，源于他们在每一次大型活动中的不辞辛劳，源于他们对专业的执著追求。这就是团队的力量！

　　客观地说，团队成员在各方面也是有差异的。这种差异对团队来说是非常宝贵的资源。作为团队负责人，我不但正视这种差异，还非常珍视这种差异，并努力地把这种差异变成团队发展的活力与动力。

　　为了让每一位工作坊成员都能够拥有"存在感"和"成就感"，工作坊根据教师们的业务专长及职业规划确定了大致的角色分工。这样做的目的在于发挥每一位工作坊成员的优势，并形成合力。

　　课堂教学是教师发展的第一阵地，必须重视教学研究。因此，工作坊在充分尊重教师意愿的基础上，选择了教学经验丰富、教学成绩突出、在教师中拥有业务信服力的教师在课堂教学方面对其他教师进行引领。张东海、臧景一、陈凯、李晓雷、刘敏五位老师承担了这个方面的角色和任务。体育课是唯一一门从小学到大学必修课，如何让孩子们喜欢上体育课，切合实际的提高教学质量是体育老师的首要任务。工作坊选出教学实践能力较强的老师，带动组内老师就课堂教学实效性，如何提高教学质量等问题下功夫，上课、做课、备课、教学形式、教学方法等问题得到改善，史家小学体育课堂教学质量得到提高。年轻教师入职第一年，从教案编写到学年计划、学期计划制订，都不知道从何处入手。工作坊老师手把手地带年轻教师，从入门到胜任，再到成熟。制订总学年计划、学期计划，怎么写教案，如何确定三维目标，从头到尾每个环节每个内容都详细讲解，讲到教师能自己设计下来的时候，工作坊的老师们就可以暂时放手了，职责转变为定期检查教案，比如什么节气上什么课，这个内容要安排几节课等，都要告诉年轻教师。

教科研是教学的重要理论依据，教科研是提升教师专业素质的熔炉，教科研也是工作坊一直常抓不懈的工作重点。牛东芳、刘禹、何莹、李芳、刘媛五位老师研究经验丰富、研究精神突出，因此承担了工作坊教科研的相关工作。

工作坊成立教科研工作领导小组健全了教科研领导组织，修订完善了相应的保障制度。《史家小学体育科研例会制度》《史家小学体育科研出勤制度》《史家小学体育教研资料档案管理制度》等项规章制度，保障了工作坊教科研工作的顺利运作。在成立教科研领导小组的基础上设立严格的制度，每周定时、定点、定期举行一次教科研会，会议有专题，有记录，有目标，有措施，有总结。

为了使广大教师参与学校的教科研工作，充分调动他们的积极性，在开展工作时，我们注意做到思想引导与行动引领相结合。第一，在思想引导上，聘请科研领导陈凤伟校长结合实际对教师进行业务培训。在组织教师进行业务学习时，不是简单地灌输教育教学理论，而是结合教育教学中老师们普遍感到困惑的一些问题，运用先进的理念、科学的方法进行解决，使老师们学有所获，对科研的力量由衷信服，自然提高了他们从事科研的积极性。比如对教师进行了"小学生学习力的研究"全员培训活动，老师们思路清晰了，撰写论文也就不再是难事了。第二，在行动引领上，凡上级教研部门所要求的活动，工作坊小组带头参加，人人有自己的读书笔记，各项活动都走在老师们前面，因此，组内教师从事教研的积极性被调动起来。

在校领导的全力支持下，加大工作力度，对工作坊教师进行课题研究培训，并规定，所有工作坊成员必须有自己的校级课题，其他教师至少要参与一项课题研究工作。工作坊教师的带动下，全体教师都能认真反思教育教学，从中提炼出一些有价值的问题进行研究。

教研工作之外，体育活动是体育教育的重要组成部分。金帆、刘延光、张凯、刘悦、徐礼峥五位老师承担史家教育集团各类体育活动的策划、组织等工作，带领组内教师出谋划策，为学校的体育类大型活动顺利开展保驾护航。

三、"四个确定"：促进教研活动制度化

教研活动是帮助教师成长和积累经验的平台，是教育教学实践与反思自身教育实践的重要途径，而工作坊就是把这个途径传播下去的组织。通过这个平台有效地组织老师们集思广益，交流经验，将积累的经验收集、

整理和分析，推陈出新，探索和尝试对未知教育理论的研究，在理论上实现新的突破，从而实现自我的专业发展。因此，工作坊鼓励教师将教研活动作为一种习惯，把每一次教研活动看作是一次机遇，参加一次，珍惜一次，反思一次，提高一次，让教研活动成为有效的教学探讨。

教研活动是帮助教师观摩同行教育教学实践、接触和融入学校的教育传统、反思自身教育实践的重要途径，教研活动开展得经常与否、有无成效，直接关系到学校体育教学质量的提高。

目前，同行互助听课是不少国家采用的教师专业发展的策略，即教师组成团队，对彼此关心的问题进行交流、讨论，并以此来精炼教学技能，解决教学问题，提高专业水平，是促进教师专业发展和提高课堂教学质量的一种策略。通过集体教研，共同研究教学、开发课程、解决问题等。我们的工作坊和体育组特别重视教研活动，要求组内的老师必须参加每周三下午东城区的体育教研活动和周四上午校本教研活动，并要求排课时不许与教研活动时间冲突。

为了促进工作坊教研活动的制度化，工作坊日常教研活动可以用"四个确定"来概括，即"确定时间、确定地点、确定内容、确定主讲人"。

第一，确定时间，指的是工作坊每周进行一次集团体育教师教研活动，雷打不动。每周一次教研活动，这是史家小学多年坚持下来的一个传统。这看似简单的一个时间安排，实际操作起来却非常困难。史家小学是北京市的"窗口校"，交流活动频繁，学校组织的各类学习活动非常丰富，体育活动更是丰富多彩，此外，学校组织的其他大型活动，也需要体育教师团队的大力支持，每一位教师还都承担着满工作量的教学任务，体育教师的工作压力是很大的。尽管如此，史家小学体育学科每周一次的教研活动还是坚持了下来，并且得到了教师们的支持和认可。

第二，确定地点，在实际开展教研活动过程中，关于"在什么地点进行教研活动"这个看似非常简单的问题，我们也花费了一番心思。史家小学实行集团化办学之后，集团内体育教师分散在各个集团校担任教学等工作。为了让每一个校区的体育教师都有一种被尊重、被认可的感受，工作坊确定在每个校区轮流进行常规教研活动。如果轮到在某个校区进行教研活动，那么这个校区的体育教师则担任教研活动的主要角色。这种活动制度取得了非常好的效果。各个校区学生特点、教育资源、教学传统存在一定的差别，集团内的体育教师每周都有机会走进其他校区，这是一个非常好的取长补短的机会，集团内部体育教师之间的专业对话也就有了鲜活的实践基础。对于各个集团校而言，能够主导教研活动，也让他们有了存在感和积极性。

第三，确定内容，工作坊教研内容的确定既考虑到工作坊活动的计划性和灵活性。也就是说，工作坊活动既有"规定动作"，又有"自选动作"。"规定动作"指的是工作坊学年计划和学期计划中确定的教研内容。"自选动作"，即是各个集体校自主提出的教研内容。"规定动作"和"自选动作"相结合，工作坊的教师活动既满足了集团整体体育教育发展的需求，又满足了各个集团校教师个性化的发展需求。

第四，确定主持人，原则上说集团每一位体育教师都有做教研活动主持人的机会。体育教师一般不擅表达，而从专业发展的角度来说，专业对话的能力是教师非常重要的一种能力。因此，工作坊力求为每一位体育教师提供锻炼和展示的平台。

工作坊常规研修活动内容之一是集体备课。史家小学的集体备课已经制度化、规范化。可以说，集体备课是史家小学高品质办学的重要机制之一。史家小学对教师的备课提出很高的、严格的要求。教师们围绕着上课思路、重点和难点以及需要注意的问题开展讨论，人人参与，畅所欲言，自觉融入教研氛围和集体之中。

体育组集体教研活动的特点，第一是强调教师参与。校本教研中要求工作坊成员轮流主持，人人要参与，人人要发言，淡化教研活动中的身份与资历的影响，使每位老师畅所欲言，敢于表达自己的观点与意见，突出"集体"的作用，发挥"集体"中每一名教师个体的经验和有效资源，通过相互间的交流、学习、启发和探讨，更新教学理念，提升教学能力。第二是合理制定教研内容。校本教研的内容根据近期体育教学工作和学校工作而定，主要包括以下五方面：1）学习有关校验文件，领会其精髓，把握最新的教育理念；2）将区教研活动的内容与大家分享，比如观摩课后的感想等；3）指定教师上示范课或观摩课，课后教师集体评课；4）加强集体备课，优化教学设计；5）开展教学专题研讨学习等。

为了体现对教研活动的重视与积极参与，体育组外出教研永远坐在前三排，这样的做法是对自己的一种督促，也是对主讲人的尊重。

工作坊的活动也包括日常开展的听课、评课、教研活动，各种培训活动等。工作坊也非常及时的收集整理过程性资料，包括活动记录、照片，教学设计等等。

教师经验积累的主要途经有三个，第一是自我积累。自我积累就是在自我教学实践中，通过对教学的自我认识、对比、评价，不断对教学情况进行反思，及时调整教学，并形成新的教学策略。这是教师教育实践经验的主要源泉。自我积累最有效的方法就是书写课后小结，把课上不同的教学方法和遇到的问题记录下来，通过整理从中找到最适合的方法。第二是交流积累。交流积累就是通过听课、评课、集体备课等形式，相互交流，汲取不同老师的教学经验与做法，结合自己实际情况，充实和优化自身的教学能力。这种交流不但是同学科教师之间，也可以是其他学科。总之取人之长，补己之短，才能不断进步。第三是学习积累。学习积累，顾名思义就是教师通过学习刊物资料，培训，或利用网络等形式，不断从中积累教学经验的过程。

体育工作坊开展教研活动的目标是：实现教师专业发展，提升体育教学质量。自工作坊成立之初，就以促进"教师专业发展，提升体育教学质量"为目标，通过以点带面，使得教师在整个职业生涯中，通过不断学习来提高自身的专业素质。在专业思想、专业知识、专业能力等方面不断发展和完善，更好地适应新形式教育改革发展的需要。教育是充满复杂性的一项活动，需要经过长期的工作，积累教学经验，取人之长，补己之短，才能不断进步。

四、"师徒结对"：传承的不只是经验

许多学校都有"师徒制"，但像史家小学这样有实效、有情分的师徒制仍是少数。在团队建设方面，史家小学的师徒制无论是规模还是实效性都很出色，学校特别关注师徒帮对工作，还有一些硬性指标，如刚毕业的和工作三年以内的教师，都要为他们配师傅。每学期都要互相听课十节以上，互相备课。这本来是行政管理的规章制度，但整个团队已经形成一种习惯。不管有没有要求，教师们都会自觉地互相听课。在史家小学，师徒制帮助年轻教师迅速地成长起来。

年轻教师不是只听自己师傅的课，哪位教师有经验都可以去向他请教，而这位教师有的好方法，也会特别无私地详细讲解。所以在新教师刚参加工作的过程当中，能很稳妥地度过新入职的迷茫期。青年教师是学校的生力军和顶梁柱，"青年教师兴则学校兴；青年教师强则学校强。"青年教师的专业成长将直接影响着学校的可持续发展。随着史家教育集团的成立，学校体育组青年教师的数量逐渐增多，如何让青年教师快速成长，适应史家的教育理念，是我们一直努力的方向。工作坊对青年教师培养的着力点是继承传统，营造教师成长环境。这其中，师徒结对制度起到了很好的作用。

学校规定，对工作三年以下的新教师要实施"师徒帮带计划"，由学校指派一名专业素养优良的老体育教师与该新任教师结成一帮一的师徒关系，师傅要从教学态度、内容、方法等各个层面对徒弟进行指导，三年以后"出徒"，这种方式相对缩短了青年教师专业成长的时间，使其更快地开展高质量的教学。

因为是一对一的帮扶，所以可以随时随地进行学习、交流，徒弟在常规教学中遇到的小困惑、小难题，可以随时请教师傅，而徒弟初为人师，容易接受新鲜事物，这样，无形中就给师傅的课堂注入了新鲜的血液。所以，可以说师徒结对是一种互相学习，取长补短，让教学永葆青春的教研活动。

师傅的指导主要包括以下三种形式。

（1）指导教学计划的撰写

师傅负责指导徒弟制订学年计划、学期计划、教学进度、单元计划以及课时计划，组长定期进行教案检查并进行反馈，对教案书写有瑕疵的青年教师要求其及时更改，从而实现规范教学。

（2）课程的互听互评

学校规定，每学期师徒之间互相听课、说课、备课不少于 20 节，听完课后当场进行反馈和讨论，授课人要及时写课后反思，并在下一次的教学中做出改进。

听课对新教师学习和提高教学方法起着重要的作用，在师傅的指导下，新教师能够逐渐找出自身课堂教学中存在的问题、总结成功的经验，提升教学水平。同时也在观摩师傅示范课的过程中汲取好的经验做法，丰富和优化自身的教学手段，有利于提高教学质量。

徒弟出师，能够独立上课大概分为三个层次。第一层次，徒弟模仿师傅上课。在该层次，徒弟可能是简单地模仿师傅上课，师傅指导徒弟进行教学的"线条"由粗到细。第二层次，徒弟独立备课。在该阶段，师傅可以指定教材内容，要求徒弟独立备课，且徒弟的备课稿必须经过师傅的审核。第三层次，徒弟独立备课、上课。在这一阶段，师傅要给课堂寻找漏洞、差错，当然也包括发现课堂的闪光点，其中，指导的重点是课堂常规、教学难点、重点的处理能力，教学目标的达成度，课堂的调控效果，即时评价的方法和效果等。

（3）科研能力的训练

此外，师傅还要从课题论文的指导入手，要求徒弟做好课后教学反思、优秀案例的收集与整理，做好对教学案例、经验、感悟的及时记录，通过研究撰写教研论文。如果师傅正在研究某一课题，还会吸纳徒弟为课题组成员，使徒弟认识、理解课题研究的方法和过程。

现在很多学校中，教师都是"你备你的课，我教我的书"，每个教师"单兵作战"，而且过于强调教师的竞争，有些教师不愿把成功经验与他人分享，教师之间的观摩学习、交流往往流于形式。这样的环境对教师的专业发展是不利的，尤其对于青年教师，容易曲解教学理念，从而影响整个学校的体育教学质量。相较之下，史家体育组不存在这样的问题，师徒结对已经成为我们对待青年教师的优良传统。

师徒之间能够毫无保留，坦诚相待，自由发表各自的见解，分享彼此在教学实践中积累的经验和教训，从而实现教师整体的专业发展和素质提升。这是史家小学几十年来老一辈教师奠定的良好传统。而这个传统也是文化，是青年体育教师成长的良好环境。体育组鼓励青年教师在集体教研活动中积极发言，提出自己在教学方面的疑惑与困难，而其他老师也会给予他最大的帮助，缩短青年教师的成长时间，使青年教师更快地融入集体，提升教学能力，形成自身的教学风格。任何教师都不可能是全能的，而团队的优势正是在于取长补短、优势互补。史家小学的体育教师都具备了这样的经验，在教学中遇到困惑，首先想到的是向有经验的教师或者师傅请教。经过点拨和启发以后，再整理、总结成个人的经验。在充分考虑到教学对象的特点之后再实施教学行为，这样经过学习—反思—总结—实施这些环节之后，学生容易掌握学习的内容。有了这样的成长环境，可以说史家的青年教师是幸福的，是幸运的。

年轻教师三年以后可以"出徒"了，但"出徒"了，并不是没人管了，对于教龄满三年但不满五年的教师，史家小学还有一对一的帮扶，有问题依然可以随时请教。这种帮带方式相对缩短了青年教师专业成长的时间，使其更快地开展高质量的教学。由于可以随时随地进行学习、交流，徒弟在常规教学中遇到的小困惑、小难题，可以随时请教师傅；而徒弟初为人师，容易接受新鲜事物，这样，无形中就给师傅的课堂注入了新鲜的血液。所以，可以说师徒结对是一种互相学习，取长补短，是让教学永葆青春的教研活动。

张老师是一位工作不到两年的老师，他的感受具有一定的代表性。

我刚来学校工作时，教案还有教学进度那些材料都写得很不规范。

师傅耐心地从教案编写、教学大纲、学期计划、学年计划的制订等方面仔细指导我，直到我可以独立设计为止。另外，上班之前我一直以为体育课就是带着孩子玩儿，放松。但是真正开始上课以后，尤其是我的师傅对我的教学进行细致指导之后，我慢慢转变了观念，逐渐提高了体育教学的效率和质量，现在我注意教学内容的合理安排，而且非常重视学生上课的常规训练，教学手段也更加丰富了，这都得益于师傅的帮助和指导。

我在教学中遇到什么问题，可以随时请教师傅，师傅也非常乐于解答我们年轻教师的问题并毫无保留地传授自己积累的教学经验，这对年轻教师来说是特别宝贵的财富。

学校通过实行名师带领、师徒结对、经验分享等方法，逐渐走上了一条"培养骨干—骨干带徒—再出骨干"的良性循环之路。

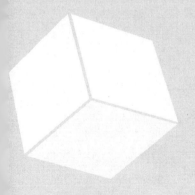

第三章

聚力与互助

工作坊的运作机制

提高教学质量是工作坊发展的生命线，因此工作坊聚力教师队伍建设，将之作为重点，以全面提高教师队伍的整体素质为核心，不断拓宽教师队伍建设思路，不断创新教师队伍建设机制，不断优化教师培训的模式。依据现有教师队伍状况从多角度入手，帮助并激励教师发展，通过各校区的通力配合，通过课堂、师徒制、导师制、座谈会等不同形式培训的开展，培养以名师为首的优秀教师团队，最终形成行之有效的完整的学区名师培训体系，提升教师队伍的整体水平。

在工作坊教师团队建设方面，经过一年来的探索和实践，构建了一种开放、平等、协作、创新的教师文化氛围，学校教师在教育教学工作中不断诠释和表达"和谐教育"的理念，形成了优良的传统，为工作坊的发展注入了不竭的动力！

一、集体教研：立足课堂，追求卓越

史家小学提倡教研服务教学，服务课堂，服务学生，同时也服务教师专业发展。教师在教研中掌握体育教学规范，转变教学观念、提升教育理论水平、改善教学质量。

教研促进教学，为课堂教学服务，这是工作坊进行校本教研的根本目的。教研让教师从纷繁的教学工作中脱离出来，在常态的课堂中寻找值得深入探究的问题，集体进行研讨，使问题得以解决。

工作坊的集体研讨是以研究课堂教学中的现实问题为出发点，注重教师在实践中的学习与反思，借助校本教研教师同伴之间共同研究课程改革中的实际问题，使学校不仅成为学生成长的场所，同时也成为教师成就事业，不断学习和提高的学习型组织。集体教研是以教师为主体，以学生为对象，以课堂为阵地，以教师遇到的困惑为课题，以改进课堂教学和提高教师专业化水平为目的。

1. 基于"规范"的教学研讨

在教育教学管理方面，史家小学特别注重"规范"。规范的教学管理铸就了史家小学规范的教学行为。

史家小学的教学"规范"很大程度上受益于史家小学固有的教学研讨的机制和氛围，配之以教育教学管理方面有规范的制度，两者相得益彰。学校对教学的严格、规范的要求从备课开始。史家小学绝对不会出现无教案上课的情况，不但每节课都要备课，还要求备得特别精细。教案要求统一的格式，任职三年以下的教师必须手写，任职三年以上的教师可以机打，但是机打教案最多用两年，第三年还要重复备课。教案要求内容详细、准备充分，教师上课时的语言、行动都要在里面有所体现出来。每一节课上完之后教师都要写反思，如果用了去年的教案，今年要用不一样颜色的笔来写今年的反思，复备教案。对于刚入职的教师来说，工作压力、工作量都比较大，每个学期大概要花 60～70 个小时的时间来备课，而且还要经过反复的复备。教案必须提前备出两周的课，学校每学期都会检查教案，有时主任检查，有时校长检查，会看教师是否写反思，反思是否深刻，有时候还会听"推门课"，按原有的教学设计执行，教学设计是否有实效性。

刚开始有些教师不能完全理解，但当他们专业日渐成熟再回顾这段经历时，完全能够体会学校的良苦用心以及这种严格、规范的要求对其专业成长的促进作用。有一位教师曾经深有感触地这样说："完善、完备的教案是教师上好课的一个保障，如果没有做好充分准备、头脑空空地去上课，没有一个完整详细的教案，没有系统的教学计划，就不容易达到时效性。尤其对于新入职的老师来说，教育教学技能不够熟练，本来课堂上突发事件就挺多，教师如果再没有自己的思路和教学的主线，那课堂教学效果肯定不理想。我现在对这个感触挺深的。"

任何一个教案不可能适用于所有的班级。同样一位教师，教授不同的班级，课堂氛围、师生互动、教学效果等方面都不尽相同。在备课时，教师不可能预估到所有的情况，这更需要教师厘清教学的主线。这同时突显了教学反思的重要性。教师上完一节课之后，要对课堂教学进行系统的回顾、反思和总结。为什么要求教师们写反思？同一位教师用同样的教案教授不同的班级，课堂上会出现不同的情况。在反思中可以记录今天在哪个班，因为什么原因，发生了什么样的情况。其实教案中很多预设无法完全预知，因为学生的思维随时都在变，但是主线应该是清晰的。反思的字数不要求多，但必须是有用的，必要时写一些提示性的语言，确保下次再看到这本教案的时候，知道应该怎么改。教学反思能帮助教师有效处理预设和生成的关系，对教师教学帮助非常大。

正式的或非正式的集体备课对于教师提升教育教学水平的帮助很大。正式的集体备课，是指在组长的组织下教师们围绕一个主题、一节课或一个核心内容进行研讨。针对一节课中的一个重点，教研活动中会反复强调，保证每位教师落实到位。学校的教育教学有统一的要求和品质，不是各自为战。非正式的集体备课是随时随地发生的。只要有几位教师都没有课，大家就非常自然地进行说课和备课。在史家小学，办公室绝不是谈论家长里短的地方，而是集体备课、讨论教育教学问题的地方。只要有教师提出一个问题，就会激起其他教师的共鸣，大家会知无不言、言无不尽地说出自己的经验和观点。有几位教师教相同的年级，或者相同的内容，有经验的教师就会分享自己是如何教的，遇到问题是如何处理的。教师们还会把积累的教学资料提供给别人。而这一切完全是自发的和自觉的。大家一致认为，集体备课特别能提高教学效率，实现了经验交流和资源共享。这时候教师们意识到：团队的力量真的非常强大。教师们都非常庆幸史家小学有一支各有专长而又互相支持的团队。尤其是赶上重大的公开课或者参赛课，团队的优势立刻就突显出来了。

工作坊的每次教研都有主题，核心的功能是如何使教师的教学水平有所提升。每个学期每位教师会上三节研究课，几个学期下来基本就能够把整套教材都覆盖了，尤其是那些有难度的课，教师们可以在高起点上进行教学设计。这是学校宝贵教学资料的积累和教学经验的传承。

研究课不限于组内研讨，也会有一些校级的公开课，每位教师承担两到三节课，二三个学期就把整套教材里的重点课全部覆盖。科技组组织教研活动时还会把别的学校的教师请来一起活动，起到辐射的作用。

史家体育常态教学最突出的特点也是规范。这种规范体现在四个方面。

（1）教学环节规范

一般来说，体育教学分为开始、准备、基本和结束四个部分，史家小学每位教师上课时都会严格沿着这四个步骤进行，缺一不可。而且这四个部分都有精确的时间要求，开始部分为3分钟，准备部分7分钟，基本部分20分钟，结束部分10分钟，一共40分钟。开始部分包括常规、队列，无论是否有人听课，这些步骤都不会省略。史家小学的教师都会一板一眼地按照这个步骤执行。

　　史家小学有这样一种观念：每一节课都是公开课。作为一所在全国有着较大影响力的学校，几乎每周都会有来自全国各地的教师工作者来学校参观考察。史家小学随时都有接待课，或者参观学校的人随时都会从操场上走过。那么，户外的体育课不经意间就会被"检阅"。因此，教师们萌发了这样自觉意识：为了学生的发展，为了维护学校的品牌，体育教师必须认真对待每一节课，对待上课的每一分钟。教师的每一节课可能不能展示课准备得那么充分，但是每个流程都是有的。不能因为不做课就忽视了这些常规。我们每一天都向学生渗透这些规范的要求。无论是何时观摩体育课堂，上课时不用特意嘱咐学生，学生与教师自动达成默契，队长自动报告人数。有时候教师一个眼神，学生们就会知道教师的意图。这反映出教师平时要求规范，常规渗透得好。

　　曾发生过这么一件有趣的事情，学校新来了一位教师实习，他先看教师们上课，然后试讲。史家小学的教师们平时是这样要求的，教师站好了之后，对学生点头，学生就喊立正。那天，这位实习的教师其实不是想点头，就是想说话，他做了一个特别微妙的动作，队长马上喊立正，全班同学就都站直了，实习教师当时就愣住了。

　　这就是平时的课堂常规的渗透。这些造就史家小学的学生上课特别规矩，可能年轻教师不能做到像老教师那样收放自如，但学生懂得规矩，教师想放开让他们玩就能放开，想收的时候还能收回来。学生的规矩渗透得很好，这一点在东城区都是有名的。

　　好多跨校做课一般都会选择史家学校，因为史家的孩子有规矩，而这种规矩就是平时教师点点滴滴的渗透、要求出来的。

　　（2）目标落实规范

　　史家小学总体和谐氛围的影响下，体育组也有一种认真的风气。这些都是老教师们带出来的。遇到学生学不会的动作，教师不会没有耐心，但也不会让学生马虎过关，一定想各种办法让学生做对、做好。教师上课时的要求一定要落实，不能因为时间不够就不做，或者马马虎虎走过场，那样，学生们就会认为教师不守信用。教师对孩子的态度也是一种教育。对学生要求不妥协，教师无形中树立了一种威严。学生做好之后教师可以给他们奖励，比如做游戏，准备小贴画或小糖果发给孩子们，这对学生们是一种鼓励。上课时首先把十分钟应该掌握的内容学好，达到教师的要求，剩下的时间就是痛痛快快地参与教师的游戏。时间久了他就会，本来需要三分钟练完的东西，学生两分钟就能完成了。教师对学生很多的教育作用日积月累地对学生产生了潜移默化的影响。这种常态教学的规范化在东城区有一定的影响。

对于很多学校不敢在体育课上安排的双杠、跳箱之类的"危险项目"，史家小学并不回避，而是常年坚持，并且得到了家长的支持和认可。让"危险项目"不再危险，源于史家小学领导的重视，教师的高素质和责任心。对于难度高一点的动作，我们想的保护措施比较全面。要是一般的学校，比如说分腿腾跃，这个动作比较危险，就不教了，而我们是一般只要教学大纲有，都尽量教给学生，哪怕多垫几块垫子，两位老师一起进行教学，采用这样的辅助教学以加强保护措施。让学生多锻炼，多知道一些他平时接触不到的项目。

史家小学一直坚持上跳箱课，学生很喜欢这个项目，而且只要教师组织合理，一般不会出现问题。张东海老师的支撑跳跃课还获得了 2011 年度"东兴杯"教学大赛一等奖。史家小学的高年级部共有 18 位体育教师，除一位年纪较大即将退休之外，其余 17 位教师教师都是本科以上学历，年轻教师均是体育大学和首都师范大学的毕业生。年轻教师对"危险项目"的教学并不犯怵，表示只要检查好器材，组织好学生，把动作的规范性讲透，让学生注意安全就行了。史家小学每一个跳马、跳箱前面都贴着"谨慎保护"的字条。把工作做到家，"危险项目"就不再危险，学生能享受到挑战自我带来的乐趣。

有一位刚从其他学校调过来的教师，刚进入史家小学工作遇到的问题是不会写"教学进度"，连续改过二十几次。我们认为，作为一个体育教师，不是只上体育课，要把教学内容安排合理，这一项运动结束后接哪一项运动更合理，比如学生跳绳后，组织哪种游戏更适合？跳绳练完了以后，可能没有经验的教师就安排跑步，跳绳的运动强度很大，学生跳完绳以后再去练跑步，体力肯定吃不消。

史家小学上课、上操，还有队列练习都是一板一眼的，容不得半点松懈。时间长了学生也会厌倦，这时组织上操的教师就会适时地组织一个小游戏或者加一个速度练习。这些练习是体育课天天都要练的素质练习，只是教师要能够增加趣味性。

（3）教学口令规范

学校体育非常规范，像我们有统一的口令，比如稍息、立正，师生间有互动，教师说"稍息"，学生说"左动"，教师说"立正"，学生说"左回"，提高了整齐性，又提高了不输给别人的一种劲头。这班喊的声音洪亮，那班喊的声音更洪亮，这样可以促进他们的班风，还能促进他们的团结意识。比如说，我们经常练分散式教学，几位学生在一组，规定一个范围自己找地方练习，教师一声长哨，学生面向老师马上立正站好。教师说集合学生马上就集合。整个课堂规范、有秩序。比如说跳绳、双绳，两人一组散开练习，教师一声长哨就能控制整个班级，而不是一个操场上有八、九个班，学生更容易混乱。史家小学不会出现这种情况，学生时刻听着教师的哨声。这声长哨是非常重要的，如果要听不到或者故意听不到，就会受到批评。

提高体育课堂教学实效性是学校一向常抓不懈的工作，严格遵守《体育与健康课程标准》的基本理念，向 40 分钟要效率，从而达到"体育是以身体练习为主要手段"的课程性质。

（4）教学准备规范

我们依托教研活动指导课堂教学。从我们的组内年龄结构看，老、中、青形成了梯队，从技能储备看组内拥有市区骨干多名，从学历层面看均为大学本科，从专业角度看他们包含了体育学科的多数项目，半数教师在各类市区级培训中担任指导教师任务，所以说史家的体育组教师人才济济。这给学校的教研活动高质量奠定了基础，他们把最新的教学理念、教学方法带回学校，并不断地加以创新提高，形成了教研教学双丰收。定期教研已经形成制度，除了市区级的教研活动以外，学校还有协作组和深度联盟校之间的教研活动。学校规定每周四上午第一二节课是体育教研时间，我们的教研活动一直没有停止过。学校领导定期不定时地参加体育教研活动，并给予点评指导，将教研的结果运用于指导课堂教学，提高课堂教学实效性。

我们非常重视提高课堂教学实效性。学校为了提高课堂教学质量，采用全组听课制度，指导课堂教学的实效性，领导和骨干教师听随堂课，督促青年教师快速成长。同时，还对年轻教师安排师傅，督促他们的课堂教学并指导各项体育工作的完成。学校对体育教师的基本要求是手写教案，严格按照教案进度和内容上课，课前备教案，课后写小结。

2. 追求"实效"的专业交流

集体教研是体育工作坊非常重要，也是非常核心的一项活动内容。教师核心的工作是教书育人，而课堂教学是教师教书育人的主阵地，因此，"上好每一节体育课"是对教师最基本的要求。集体教研的作用就是在于通过集体研讨的方式，把教师的"个人经验"转化为可共享、可传播的"集体经验"。"集思广益"，是对体育工作坊集体教研最精准的概括。无论是对工作坊内骨干教师来说，还是对非骨干教师来说，大家畅所欲言，互相启发，互相借鉴，每一个都受益。尤其是对年轻教师来说，他们可以在"集体智慧"的基础上开始专业发展之路，起点更高，发展更快。

表2展示了工作坊两个月教师研修活动情况。

表2　　　　　　　　教师研修活动（2014年9～10月）

时间	地点	活动主题	活动内容	级别	主持人	参加人员
2014.9.2	史家高部	场地、器材设施的	五校区一起设计、安排上操点位	学区	张欣欣	马龙、六校区体育老师
2014.9.4	七条	制定工作目标，各学区交流工作计划	在学区马龙导师的带领下制定新学期目标	学区	马龙工作坊导师	马龙、六校区体育老师
2014.9.11	史家二年级部	相同舞台共同的未来	培训《国家体质健康测试新版本》的特殊要求、上报、测试中注意的事情	学区	刘禹工作坊成员	王建生、祖炜、五校区体育老师
2014.9.17	史家高部	听刘延光老师试讲	学区导师马龙老师带领区骨干教师、张欣欣工作坊成员听刘延光老师试讲	学区	张欣欣	马龙、区骨干、学区教师

时间	地点	活动主题	活动内容	级别	主持人	参加人员
2014.9.24	史家高部	刘延光老师做国培计划展示课	国培计划展示课	全国	马龙 工作坊导师	全国优秀教师、首都体育学院教师、全区教师
2014.10	七条	视导	学区导师马龙老师听一年级王蒙蒙老师的韵律舞蹈课。课后为王老师说课，并对如何关注学生课堂表现进行多方面多角度分析	学区	马龙 工作坊导师	马龙、六校区体育老师
2014.10	史家高部	足、篮、排说课展示	球类如何说课	学区	张欣欣	马龙、六校区体育老师

任何教师都不可能是全能的，而团队的优势正是在于取长补短、优势互补。体育组提倡互相学习，每位教师身上都有一些特点和优点。我们经常去其他学校进行学习交流，听完其他学校教师的课，我们回来总结。每周四是体育组的组会，组织教师们开会，每次区里听课和评课结束，我们开组会再评课一次，每位教师都得发言。我们要看他人的优点和不足，如果教师们对某个环节或某个方法有自己的一些想法，可以与大家进行交流。

实际上，经验分享的过程也是总结、提升的过程。教师们从分享过程中就学到好多知识和理念。年轻教师刚进入体育组不会评课，后来师傅就告诉他们如何评课，从哪些角度进行评课，等等，这都是知识和经验的积累。

在学校体育集体教研活动中，听课与评课是最常见的一种形式。这对体育教师提高教学水平、改进教学方法和专业成长等都有很重要的作用，为教师的专业合作提供了有效的机会和平台。听课与评课是一项能让听课者与上课者双方均受益的教研活动。讲课老师要想方设法上好这一节课，就要从组织教材到活动设计，从教学目标到教学效果，从预计密度到平均心率等方面进行全面考虑。这无疑是对上课教师的一次极好的锻炼机会。而对听课者来说，既可以了解学习别人的好的教学方法、教学结构、课程设计等来补充完善自己，又可以增长自己的业务知识。通过听课与评课，体育教师可以从他人的教学实践中促进自己的专业水平发展，通过听公开课、常态课、观摩课记下所观察到的情景，发现的问题等，然后相互交换意见并提出改进措施，这样可以达到共同提高、共同发展的目的。

前面介绍了集体教研的四个确定，即确定时间、确定地点、确定内容，确定主讲人。"四个确定"是一种制度保证。工作坊能不能获得实效还取决于工作坊的活动是否有吸引力。我认为，教师发展必须激发教师的内在动力，教师自愿、自觉地投入时间参加专业发展活动。实践证明，体育工作坊的集体教研还是非常有吸引力的。工作坊组织的校本教研活动目的仅仅是希望通过对公开课的分析与评议，帮助开课教师提高教育教学能力，而听课教师也可以从中得到一些启发，大家互相听课、互相借鉴，从中探讨课堂教学碰到的问题，并找到课堂教学改进的方向。

工作坊每学期初制订具体的教学计划，注重实效，不尚空谈，建立了备课的长效机制，把例行集体备课做细、坐实。每个单元的重点以及知识要点要在集体备课中统一认识。在此基础上，教师要教出自己的特色。集体备课时，各单元备出详细教案。每单元有一课由一位老师在组内展示，其他教师参与评课，共同改进，达成共识。每一节课都能做到课前集体钻研教材、集体探讨教法、集体备课，课中认真听课、思考，课后认真讨论教学得失、回顾小结。平时能经常互相听课，取长补短，共同提高教学技能，以求共同发展。

二、引领示范：专业发展的追求永无止境

工作坊的教师们都亲切地称我为"坊主"。作为工作坊的负责人，我深感责任的重要。作为史家人，我认为我有义务和责任把史家小学优秀的体育教育传统和优秀的精神文化传承下去。在这个过程中，我认为，"身体力行"对于体育学科的带头人来说是特别重要的。

1. 坚守一线教学，让指导更接地气

作为史家体育工作坊的负责人，我能够身先士卒，以身作则，带领工作坊及全体教师践行史家小学的和谐教育理念。在工作中充分发挥工作坊的作用，将先进的教学理念与教学经验延伸下去，使全组老师获益。作为一名体育老师，作为体育的管理者，作为中学高级教师、北京市教学骨干，在各项教学比赛、论文比赛中都取得突出成绩。在完成各项管理工作的同时，还亲临教学一线，把握一线教学的规律，给老师评课的时候，言之有物，切合教学实际，发挥了体育组在区里和市里的排头兵作用。

走上学校管理岗上之后，我所负责的工作千头万绪。就目前来说，我担任史家小学教育集团的副校长，主管体育工作，还兼任集团校之一——史家小学实验学校的德育副校长，还是体育俱乐部负责人。我也曾经负责史家小学学生住宿部的日常管理工作。尽管工作非常繁忙，但是我仍然坚守在体育教学第一线。我之所以这样做，主要有三个方面的原因：首先，

我热爱体育教学工作，和孩子们在一起，我由衷地感到职业的幸福和快乐；其次，我始终认为作为一名体育教师专业发展的追求应该是没有止境的，努力追求卓越，至少达到更好；最后，坚守一线教学才能真正融入教师们的生活，和教师们沟通才有"共同语言"，业务指导才能更接地气。

作为体育教师，我要求自己的教学实践注重实效，在体育教学的理念和方法方面不断创新，与教师们一起不断学习教育教学的新理念，并在自己的教学实践中不断尝试、不断总结。多年来我深刻地感受到，"学如逆海行舟不进则退"。当前社会的发展日新月异，新的教育观念层出不穷，学生背景也更加丰富多元，体育教学工作中总会遇到新情况、新问题，如果不保持学习状态，那么个人的体育教学经验和思想将落后于教育教学实践，对教师们引领作用将会心有余而力不足。

作为体育学科团队负责人，我的视野和专业水平对团队的发展是有影响的，在这个团队中树立的专业威信，是我带领这支团队向前发展的基础。我一直要求自己做到对待教师工作要严格，常规管理要规范，对于自己的教学要有自己的特色。在五年以上"东兴杯"教学大赛的决赛中，我负责的科任组有八人进入了最后的决赛，参赛选手都满载而归，全部获得一等奖或二等奖，这些荣誉的取得，和他们平时的努力是分不开得，在备战期间，我积极给予他们指导，研究教材教法，出谋划策，为他们的获奖作出了自己的贡献。为什么我的建议在实践中能够获得很好的课堂效果？这与我一直坚守教学第一线有关。

在科研方面，我能理论联系实际学以致用，2005 年以来我一直参与教育部"十五"学校体育卫生科研规划重点课题《体育教学中的合作教育应用研究》，担任《体育教学中的合作教育应用研究》总课题组成员。2006 年以来参加北京"十五"重点课题《东城区体质研究实验工作》，担任课题组主要成员，现已结题。论文《在体育教学中进行适合儿童的教育》入选中国学校体育协会研究生《体育人文社会学》论文集，并获得优秀论文奖。

2. 站好"史家人"的岗，发挥传帮带作用

我非常注重发挥"老教师"或"老史家人"传帮带的作用。在工作上积极帮助青年教师，几年以来带徒弟多人，帮助他们在北京市、东城区体育评优课活动中多次取得一等奖、二等奖的好成绩，其中有一人成为东城区兼职教研员，两人成为东城区骨干教师。

长江后浪推前浪，流水前波让后波。作为上一届的北京市骨干教师，承担了本区"621"骨干教师引领工程，师父带领徒，使徒弟的教育教学工作能够再上一个台阶。我带领的董艳琴老师和刚上班两年的雍和宫小学的任远老师，为了帮助他们提高业务水平，利用课后放学的时间和周末休息的时间指导他们备课，从教案的撰写到教学目标的制订以及教学重难点的把握，一点一点地指导，与他们共同切磋、斟酌，直到能够写出比较完美的教案。针对他们上课的不同特点与不足，我还专门为他们写出了评课意见。我深知"独木不成林"的道理，这不仅是一种任务，更是一种责任，我不仅严格要求自己、大胆实践，每次听课或培训回来，我都会主动把笔记和学习材料给他们看，为他们的成长给予无私的帮助和不懈的努力。这样的付出也得到了一定的收获，任远老师参加了学区的评优课，上了一节民族传统体育运动跳竹竿，得到了听课教师的一致好评；而董艳琴老师不仅在此次的评优课中获得了东城区评优课的一等奖，而且还参加了北京的评优课大赛，获得了北京市的二等奖，而且也多次获得区里的表彰，获区骨干、区兼职教研员、区优秀青年教师、区育人奖等各种的称号，还指导了多篇的论文，获得了区里的不同奖次。与此同时，我还指导学校内的年轻教师金帆老师获得东城区教学评优课一等、北京市一等奖，张东海老师

2015 年邓美双老师备赛五年以下青年教师东兴杯

获得东兴杯教学大赛一等奖；李大明老师获得东兴杯二等奖、北京市小学教师新课程教学基本功培训和展示活动二等奖；指导五年以下青年教师做课参加东兴杯教学大赛，获得一等奖 6 人，二等奖 10 人次，今年的东兴杯教学大赛，我们又收获了 2 个一等奖，3 个二等奖的好成绩。荣誉的取得只代表过去，我会在以后的工作中指导更多的年轻教师，给他们做好引领的工作。

在北京市数字名师同步课堂活动中我还是团队的备课组指导教师，负责田径领域，能够做到毫无保留地认真指导。作为一位管理者，我根据不同老师的特点为他们创造适合的学习发展机会，比如请教研员和知名老师来一起为新教师评课，帮助新教师成长。同时，我还积极做好和市里、区里的联络工作，应用承办教学研讨、论坛等形式把外校的好经验在本校之间展现出来，为教师学习提供了好的平台。在生活上，对老师们的关怀也是无微不至，关心每一位老师的工作状态，并在需要的时候伸出援手。

三、文化建设：互助和谐中获得前行的力量

每年秋天，大雁都要成群结队地飞到南方去过冬，第二年的春天再飞回原地繁殖。在长达万里的航程当中，除猎人的枪口外，它们还要遭遇狂风暴雨、电闪雷鸣、寒流以及缺水的威胁，但每一年它们都能成功往返。我们都知道，雁群会排成"V"字形，据说这比孤雁单飞提升了 71% 的飞行能量。

当每只雁振翅高飞，也为后面的队友提供了"向上之风"，这种飞行模式能够让大雁最大程度地节省能量。如果我们如雁群一般向着共同的目标

前进，彼此相互依存，分享团队的力量，我们就会在队伍中，跟着带队者到达目的地。我们接受他人的协助，并也协助他人。当某个人偏离队伍时他会立刻发现单独飞行的辛苦及阻力，他会立即飞回团队，善用伙伴提供的"向上之风"。

当领航雁疲倦时，它会退到队伍的后方，而另一只雁则飞到它的位置上来填补。其实，艰难的任务需要轮流付出，我们要相互尊重、共享资源，发挥所有人的潜力。当某只雁生病或受伤时，会有其他两只雁飞出队伍跟在后面，协助并保护它，直到它康复，然后它们自己组成"V"字形，再开始飞行追赶团队。

其实，如果我们如雁群一般，无论在困境或顺境时都能彼此维护，互相依赖，再艰辛的路程也不惧怕。哪怕在旅程中遭尽坎坷，可能还有失败，只要团队相互鼓励，坚定信念，终究一定能够成功。

这是我在网络上看到的一则小故事。故事所蕴含的道理很浅显，但却激起我深深的共鸣。对于一个团队而言，和谐是发展的基础。

1. 和谐氛围是专业发展的精神动力

我们非常注重团队建设，加强团队成员的相互理解。为了在在集体训练中感受集体的力量、规则的重要，我们的体育教师会安排军事化训练。比如在 2013 年 6 月 16 日，史家小学 20 名体育教师在在什刹海拓展训练基地，进行为期一天的军事化训练。

学校请来了解放军武警六支队的现任教官，旨在规范教师的队列动作、行为习惯，提升教师的精神面貌，强化教师的团队意识，树立良好的教师形象。在部队教官严格训练下，在全体教师共同努力下，在短短的一天时间里，站军姿、停止间转法、齐步走、正步走、齐步变正步、解散、集合及分列式等预定训练科目已见成效。教官手把手教，老师们认真学，两个小时、四个小时……老师们汗流浃背，但没有任何松懈。天公作美，下起了小雨。在军训队列比赛中：男兵们步伐整齐划一，器宇轩昂、精神饱满；女兵们正所谓是巾帼不让须眉，方队整齐、口令准确、声音嘹亮。

这样的活动不仅锻炼教师体魄，更加深体育教师对常规教学的理解，通过亲身学习，转化教育资源，更好地用于课堂常规教学，让每一位学生都能受益。

史家小学体育组的各位教师，在个性特点、教学风格等方面都存在差异，但是史家小学强调的是"尊重差异，兼容并包，团结互助"，通过不同教师之间的交流合作，让每个人都可以取长补短，丰富自己的生活，优化自身的教学，这也是史家小学实现"和谐教育"的一个前提。在我们体育组里，大家都能够不计个人得失，主动关心和帮助同事，到处可见和谐、团结友爱的氛围。

史家小学不只是教师之间、干群之间、教师与家长之间、教师与学生之间的关系非常和谐，教师与保洁人员、食堂工作人员、修理器材的师傅的关系都非常友好，大家都是一起为学校服务。有时候体育教师在操场上课，门卫的阿姨就站在旁边学习。低年级部体育组有一个水壶烧水时发出很大的声响，门卫的阿姨拿来自己的水壶和他们交换，以免响声影响了他们的工作。

教师们都非常谦和，为他人着想，在这个包容的环境里，允许各种各样个性的教师存在。教师们互相包容，互相尊重，因为大家的目标是一致的。即使有些教师刚开始不善于包容，在大家的影响下，也会发生改变。

史家小学体育组的每位老师都对体育组、对学校有着强烈的归属感，他们热爱着自己的学校，而这份热爱源于同事之间相互的关爱，源于日常生活中那点点滴滴的感动。

一位在史家小学实习后来留在史家的老师说："我刚到史家小学实习的时候，感觉特别累，白天要上体育课，晚上要带游泳课，早上还要带早操，身体累但是心里却特别开心和满足，因为虽然身为实习生，但体育组的老师从来都没有把我当外人，都特别关心我，每次活动都会想着我、带着我，而且在教学方法和为人处世方面对我指导和提点，实现了我的快速成长。现在我留下来当老师了，更深刻地体会到了老师之间的关爱。前段时间又来了两个实习生，最后实习结束都不想走了，因为带实习的老师特别负责，认真地听课和反馈，实习生可以学到东西。"

而实习生对老师们也特别好，给我们的老师买金嗓子、护手霜，说体育老师每天在户外风吹日晒的，也没时间护理，需要抹点护手霜。东西虽小，但这份情义却暖人心田。

我带领的这个团队懂得关怀每个人，营造和谐、温馨的人际氛围。团队温暖了，教师才会幸福，教师幸福了，孩子才会快乐。我们创设相亲相爱一家人的氛围，无论喜与悲，无论功与过，我们都以团队的方式一体共享与承担，让每个人都从中体验幸福与责任，从而发自内心的相互支撑、理解与包容。我们定期组织组会、教师培训活动，使大家在与领导、优秀教师的互动交流中学会关爱、懂得感恩。平时有事大家也都一起商量，谁有教学上的困难，大家都一起出点子，一起讨论解决。

工作坊也是同样的氛围。何老师原是遂安伯小学的一位教师，她在一次工作总结中谈到了融入工作坊的感受和体会。

从毕业离开大学校门我就迈进了遂安伯小学的大门，7年的时间里遂小这个环境让我太熟悉，起初听到要和史家合并而且还要到史家高部去办公，我就慌张了。想的最多的就是我该去哪儿，于是开始到处联系学校，我想我是一个小校出来的老师，教学上我是最薄弱的，我

2014 年何莹老师到延庆二小友好校上耐久跑交流课

根本没有能力在那么优秀的团队里生存。没几天我就提出了调动，后来张校长（也就是我现在的师父）跟我沟通，帮我建立信心，化解心中的顾虑，这样我才有了勇气留下。留下是留下，之前的顾虑也没有那么严重了，但心里总是忐忑不安。我印象特别深的就是新学期报道前一天，我紧张得一宿没睡，不是不想睡而是紧张得睡不着。报道那天，从大门口到办公室的那段路特别长，我一路上想象各种和新同事第一次见面的场景。快到办公室门口了，我第一个见到的就是师父，师父一句亲切的"来啦"让我心里踏实了一些，然后师父把我带到同组刘悦老师（我现在的悦姐）身边，让刘老师给我安排个座位。一进办公室，新同事们都热情地跟我打招呼还帮我拿东西，一下子让我有了家的感觉！良好的开始，预示着我和这个新的大家庭里的成员会相处得越来越好！

　　从开学算起，在新环境下我已经工作生活了三个月了，这三个月里让我真真正正感到体育组的团结和体育人的大气，在组里我感受着每个人带给我的正能量。11月份的一天，师父把我和同组的吕老师一起叫到了办公室，跟我俩说："11月下旬去延庆交流，咱们组要派三位老师做异地交流课，你们看看有没有困难？"我当时一听就懵了，别看我上班七年，正式做课我一节都没有，"做课"这两个字对于我来说太陌生了，还是异地交流课。看着师父，我真想从牙缝里挤出三个字"我不敢"，可面对师父充满信任的眼神，我硬着头皮答应了。后面的几天里，办公室里总能听到我唉声叹气，因为我根本没有思路。但很快，师父帮我们建立了备课组。"备课组"，什么是备课组？以前做课顶多就是跟同组的老师念叨一下就完了，从来没有这么正规地翻出教材，备教材，备学生。设计教案的每一个环节，师父亲自帮我设计情景，慢慢的，课有了模样。接着便开始找班级试讲，同屋的老师们利用自己的休息时间一遍一遍地帮我听试讲，发现问题及时修改，帮我组织语言，自己感觉课一遍比一遍顺了。有一天中午，我和师父去四楼操场看冬锻足球比赛（我负责照相），路上，师父问我"课准备得怎么样了"，我说"还行吧"。也许是师父看出了我的不自信，说道："准备得这么充分，没问题。"听完师父这句话，我对师父说："有您、有组里有这么多人帮我，我不好好准备，不好好上这节课，我都对不起大家。"交流课当天，在师父和全组老师的帮助下，我克服了心理障碍，成功地完成了这节课，迈出了教师生涯新的一步。

2. 同伴互助是专业发展的强大后盾

工作坊倾力为集团体育教师营造一种"同伴互助"的氛围和机制，努力实现"为教师所有""为教师参与""为教师所享"。"同伴互助"是促进教师专业发展的重要策略之一。工作坊成员精英荟萃，年龄梯次明显，这样的团队为同伴互助打下了很好的人力资源基础。

工作坊开展活动时我们也深刻地感受到，专家指导和同伴互助，都是教师发展不可缺少的策略，二者各有优势，各自在不同方面对教师的专业发展起到推动作用。

教师接受了新的理念、新的知识，最难的是转化，把先进的理念转化为教学行为，这几乎是所有教师培训的"难点"。而同伴互助有助于教师把培训获得的知识、技能向课堂及教学行为的转化。工作坊的实践验证了这个观点。工作坊的教学研讨是全方位的，对于一位年轻教师而言，既可以观摩教师的课堂，也可以听到其他教师对课堂深入细致的点评，还可以把个人的想法即时地表达出来，获得的启发还可以到课堂上验证，验证后还可以把问题提同来供大家集体讨论。这样，看、听、说、试几个环节，可以把间接经验转化为直接经验，并且能够及时地得到全方位的信息反馈。

工作坊突出强调反思和合作的重要性。教师在完成每一节课的教学任务后都要写反思，而反思绝不可以应付了事，必须是教学中真正的困惑或感悟。

在强调教师自我反思的同时，我们也要求所有教师，无论是富于经验的教师，还是教学资历尚浅的年轻教师，都要开放自己，敢于表达，不要怕"露怯"，也不要担心观点不成熟，大家畅所欲言，集思广益。这样做的目的在于加强教师之间的切磋、协调和合作，形成"研究共同体"。充分的表达，有利于教师关注自身教学实践问题，唤起自我反思的意识，从而自觉、自主地寻求自我发展的能力。在这个共同体中，大家共同分享经验互相学习，彼此支持，共同成长。

同伴互助的实质是教师之间的交往、互动、合作与发展。教师同伴互助通过建立良好的同伴关系和基于同伴互助的教师专业行动促进教师专业的发展。通过合作，教师专业素养的提高影响到教师的教学效力，教师效力的改善与提高，受益的第一个对象就是学生合作的氛围有助于教师之间形成良好的合作性同事关系，为个人和学校的可持续发展提供契机。只有建立了这样的氛围和机制，工作坊才能真正成为教师发展"自治""自为"的空间。

集体备课过程集中地体现出了工作坊的同伴互助机制。体育学科的集体备课充分发扬集体协作精神，群策群力地备课标、备学生、备教法，明确知识点、基本能力训练点、知识迁移的基本结合点及重点和难点。经过集体备课，教师们互相得到启发，在高起点上开展教学实践。年轻教师尤其受益，入门很快，大大缩短了刚入职教师的迷茫阶段。

工作坊的合作还体现在史家小学参与各类比赛、筹备大型活动等各类活动中。无论是做课，还是全国大赛，整个团队毫无保留地帮助做各种准备。参赛的教师心里感到非常踏实。整个团队的力量都会被调动起来。有的教师帮忙管理班级，有的教师发挥教学强项，帮助多次反复听课，一句一句帮助推敲，一点一点分析学生。每位参赛选手都有五到六人帮忙，还有另外的教师负责打印、装订。学校也会选派有教学经验的教师辅导。在这个团队中，每位教师都感到心灵永远年轻，可以全身心对待同事、孩子和家长。

我们的教师参加教学比赛时，只要一上台，不用介绍，台下的教师就有这样的议论："这肯定是史家教育集团的！"为什么呢？别的学校教师上课，只有一个或两个人帮忙，而史家小学的教师上课，会有五个或六个人同时上去帮忙，有组织学生的，有调试课件的……整个过程非常有序、安静。做课的教师都有这样的体会：即使再重要的赛事，再重大的场合，只要看到同事们在为自己助威，心里就感到特别踏实和温暖。

体育组的教师参加北京市的比赛，大家看到的是一支庞大的团队。如果史家小学的一位教师要去区里或者市里做课，他绝不是单兵作战，而是工作坊携全体教师在贡献智慧，出谋划策。在准备过程中，每个老师都发挥自己的特长，青年老师帮忙做教具，有经验的老师帮助做课教师丰富教法、突出亮点……即使同时有几个老师都要参加一个比赛，彼此之间还是会互相帮助，毫无保留。通过这样的过程，组里的每个老师都有提高，做课的老师也会强烈感受到自己背后的团队支持，最终取得优异的成绩。

一位教师上课，有许多人帮忙做前期准备，有准备教具的，布置场地的，维持学生秩序的，等等。经常也会遇到这样的情况，同时有几位教师参加同一个比赛，教师备完自己的课，就会帮助其他参赛教师备课。自己刚上完课，立刻帮忙接学生，同时嘱咐学生等。虽然同时参赛，个个都希望自己取得好成绩，但大家同时又有这样的胸怀：无论是谁拿奖都光荣，大家都一样高兴。

教师们在工作中关系融洽，互相帮助，能够发挥团队优势。一位教师有事情，整个年级组、年级段，都共同出谋划策。在这样一个团队氛围中，每一位教师都尽可能地把心态调整好，精神饱满地投入工作。教师们从不计较哪些事情是分内的，哪些事情是分外的。只要有一位教师有事情，其他教师都会当成自己的事情，尽心尽力地提供力所能及的帮助。每一次教师的公开展示，背后都有一支强大的团队在支持。从前期的备课，到后期的反思，都体现出史家教师团队的大气和合作。每次展示之后，给外界的印象是：史家非常大气。不但课给人留下深刻的印象，这支团队所体现出的精神气质也同样让人过目不忘。

生活在这样的集体中，教师感到温暖的同时也能激发发展的动力。有的教师这样告诉我："虽然赛课的最终结果是个人的名次，可是心里总觉得这关系到集体的荣誉，所以必须要把课做到最好。"

下面是刘老师在工作中的小故事，这个小故事可以在一定程度上反映这个团队团结互助的常态。

2014 年 12 月 9 日，在工作坊两位导师的带领下，我们一同前往通州史家小学分校进行两区联动交流活动。活动的重头戏是六位教师的片段课展示，很荣幸我有机会在两区老师面前进行"仰卧推起成桥"的片段课展示，这节课的亮点除了神奇的大球之外，就是我的示范。记得课后总结评课时，通州分校的李校长曾说：没想到刘老师的示范动作如此的标准，给孩子们起到了很好的榜样作用，并使班上的小胖子们加强了自信心。

可这20分钟的精彩，背后是工作坊老师们一同陪我帮我的日子，可真是台上一分钟，台下十年功啊。记得刚接到这个任务时，我是既兴奋又紧张，兴奋的是自己得到了一个展示的机会，紧张的是仰卧推起成桥的示范我能不能完成？自己的体重在那儿摆着，暑假带学生外出集训时又将左脚摔成了韧带撕裂，一直没能完全康复。还记得自己偷偷一个人在办公室尝试动作失败后，徘徊在师父的办公室门口，想跟师父开口但又觉得无法张口。师父好似看出了我的心事招呼我进去，当我说出心中的想法之后，师父并没有跟我着急，只是说了一句："你的脚没问题了，问题出在你太胖了，减减肥就能做起来了，从今天开始晚饭零食就停了吧。"轻描淡写的几句话，好像给我打了强心剂。后来的日子里，组里的老师们像商量好一样，白天有人帮我备课过教法，下班有人帮我练示范动作。就这样，一个"神奇的大球"出现啦。上课前的一天下午，师父突然说来做个示范，当时？心中一紧，棉裤加上厚厚的棉服这怎么可能完成啊？没办法硬着头皮做吧。可是没想到，我竟然一次完成动作，比起平时练习还要顺畅，心中顿时自信满满。

上课当天脱下棉裤、棉服的我更是无比的轻盈、自如，一个漂亮的仰卧推起成桥动作示范，使身边的学生们掌声响起，听课的领导、老师们赞叹声响起。中国有句古话"世上无难事，只怕有心人"，其实我更想说的是：如果身边有个懂你的师父，你也会成功的。工作坊里的老师们都像坊主的孩子们一样，每个人的脾气秉性，每个人的优缺点，坊主都一清二楚，对待每个人都有不同的调教引导方法。而我们这群"小朋友们"，也都对身边的这位"师父""领导""长辈"充满无比的信赖，当我们遇到困难时，遇到麻烦时，这个集体总会给予我们温暖和帮助，而这位"大家长"总能适时给我们正确的引导。

2014 年刘悦老师在通州史家分校上仰卧推起成桥展示课

四、辐射共享：资源共享，携手同行

2008 年 4 月，史家小学携手七条小学共建深度联盟校，开启了区域教育均衡发展之路。2011 年 2 月，深度联盟建设实施"一长执两校"制度，提升了两校发展的紧密度。2014 年，北京市关于推进义务教育优质资源均衡发展的政策引领，为首都教育的发展创造了无限可能、创生了无尽梦想，激励和感召着我们为办好人民满意的教育而不懈努力。

在义务教育综合改革中，我们承担了多项改革任务。一是史家小学与遂安伯小学实施了一体化管理，形成三校区的优质资源带；二是原曙光小学升级为九年一贯制的史家实验学校，与史家小学实现紧密型的发展；三是史家小学与西总布小学、史家小学分校结为深度联盟校，两校保留法人代表，与史家小学实现相对紧密型的发展；四是史家小学与通州史家小学分校、延庆二小组成城乡一体化学校，形成了"1 + 1 + 11"和"2 + 2 + 2"的办学格局，成立了史家教育集团，为促进教育公平、推动区域均衡打造了一个新载体。

相对于过去的办学模式，集团的管理层级增加了，亟需机构的扁平化；部门叠合增多了，亟需职能的协同化；校址离散增大了，亟需沟通的即时化；师资规模增长了，亟需价值的共通化；生源范围增容了，亟需测控的灵敏化，等等。我们必须直面如何在秉持史家和谐教育的基础上高效地整合资源、协同机制、共识理念等一系列难题。择校在一定程度上就是择师，那么史家教育集团的所有教师如何发展？从我负责的工作角度来说，集团校所有体育教师应该如何发展？

1. 集团办学：每一所学校的体育都精彩

工作坊充分发挥优质教育资源辐射作用，在与七条小学多年成功深度联盟的基础上，按照东城区学区制改革部署，新增深度联盟校——史家小学分校、西总布小学，新增九年一贯制学校——史家实验学校，新增优质资源带学校——遂安伯小学，形成一校多址的学区化、集团化办学格局，工作坊召集学区有经验有能力的老师将资源整合，利用做课、交流、讲座、教研、会议等形式将优质资源共享。不仅如此，还与城乡新区一体化发展学校延庆二小、通州史家小学分校进行教学交流。

在发展定位上，"工作坊"提出了明确的工作方向，即通过体育精神凝聚人心，构建"理念共享、资源共享、方法共享、成果共享"的运行机制，使集团各校区的优质资源得到有效放大，实现规模、质量和效益的协调发展，努力形成"一校一品"的高品质教育。例如，史家七条的"小场地也能养出精气神"。其次，针对六校区体育教学的现状，以及中央和市区的体育工作精神，制定科学目标：第一，传承和推广史家先进的体育文化，以"体育教学"为载体培养身心健康、意志坚定、文明有礼的健康少年，实现全面育人；第二，打造共同体优秀教师团队，形成各校区均有特点突出的、骨干教师引领的集群放射模式；第三，整合优势，打造集团鲜明的体育教学特色，构建校本课程，让体育成为优化学生生命质量的源泉。

2. 跨区交流：是责任，更是发展平台

工作坊也经常组织跨区交流活动。对于史家教育集团的教师们来说，跨区交流是一种责任，但也是一个发展平台。这个观点得到了教师们的深深认同。

跨区交流活动，让史家教育集团的体育教师有更多的机会走出校园，展示自己的体育教学过程，讲述个人关于体育教育的理念和实践，这对教师的专业发展可以起到很好的促进作用。每一次活动，教师们都提前很长时间做好准备，工作坊对活动设计、授课内容、教学设计等进行集体研究，可以说，每一次跨区交流活动，都是集体智慧的结晶，每个人都有所收获。

跨领域跨地区方面，史家小学体育工作坊组织史家小学全体老师赴通州史家小学分校、延庆二小交流等活动，来开阔老师的视野，提高老师的随机应变能力。

赴通州史家分校活动，我校刘悦老师、李欣老师、李晓雷老师分别做片段课一节，并学习观察通州史家分校三位老师片段课，既让我校体育教师提高了异地交流的能力，又学习了通州区小学体育的教育教学风格，取长补短，共同进步。课后，所有老师围坐在一起，对几节课进行了点评，指出优点，提出问题，发现问题及时改正，这才是长久的进步；并为许多没参加过异地交流课的老师做出了榜样，让大家明白这种异地交流的形式，以后为己所用。

2014 年 11 月 21 日东城—延庆县体育教学联动暨史家学区张欣欣体育工作坊走进延庆二小开展体育教学交流活动。吕庆伟老师、何莹老师、高健老师，和二小体育老师分别上了体育课。每位老师在课后利用 5 分钟时间说课，这种形式让每位参与其中的老师都得到了锻炼，提高了语言表达能力和对这节课的认识。

参与此次活动的老师有：延庆县教科研中心研训员、延庆县第二小学体育教师、东城区教研员史家学区导师马龙老师、史家小学张欣欣副校长，以及史家小学、史家七条小学、遂安伯小学、曙光小学的体育老师们。此次活动采用异地授课、课后进行教学反思、工作坊以及现场听课教师积极课评的方式，教学实效性高，两区县互相学习，深度联盟达到资源共享！

2014 年张欣欣工作坊赴通州史家分校交流

2014 年 12 月 9 日，工作坊举办了东城—通州体育教学联动暨史家学区、张欣欣工作坊走进通州史家分校体育教学交流现场会。

活动第一项由工作坊成员刘悦、李晓雷、李欣老师根据学生年龄特点分别对通州史家分校三、六、五年级学生做三年级"仰卧推起成桥"、六年级"小篮球曲线运球"、五年级"1000～1200 米耐久跑"课。在课上刘老师亲切的教态很快融入学生中，短短的二十分钟，师生配合默契，带给孩子们快乐的课堂；李老师把小篮球带进学生课堂，紧密结合小学五年级学生年龄及身心特点，在教学中更新课程理念，以探究学习形式进行施教而达到教学目的，运用求新、善变、体验、求实等方法与特点进行教学。

学区马龙导师和通州区教研员就冬季教学课如何提高课堂实效发言，老师们不仅要了解学生情况，还要了解不同课程所达到的练习密度、强度，并应及时进行放松养护；就关注学生课堂表现进行探讨，加强老师们对课堂关注能力，体现课程标准中对学生差异的关注。参加活动的老师们畅所欲言，积极发言进行课评，老教师发表自己的意见建议、新教师谈谈自己观课的感受和理解。

两校为实现"区域均衡、资源共享、共谋发展"的目标，经过两校领导多次协商决定两校结为手拉手学校并签署了史家小学—史家小学通州分校交流学习协议。此次活动在两校的共同合作努力下顺利结束。

2014 年 9 月、11 月工作坊成员刘延光老师、牛东芳老师分别为首都体育学院体育教研员班和全国各地的国培骨干教师 150 余人做教学交流课，本次活动起到示范引领、资源共享和促进改革的作用，是教育部举办的"国培计划 2014"——体育美育骨干教师培训项目。通过该计划培训一批"种子"教师，使他们在推进素质教育和教师培训方面发挥骨干示范作用；开发教师培训优质资源，创新教师培训模式和方法，推动全国大规模中小学

2014 年 12 月东城通州两区联动李晓雷老师在通州史家分校上篮球课

篮球队在云南曲靖训练

篮球队训练课上老师讲解技战术

学校五六年级篮球联赛

教师培训的开展，从而达到资源共享。

举办大型活动成为学校教育教学活动的主题。史家体育工作坊自成立以来，组织过无数大型活动，通过这些活动，每一位工作坊人都乐在其中，锻炼在其中，既丰富了每一位老师的见识，又提高了每一位老师的教学能力和水平。工作坊的老师在组织大型活动工作中肯动脑子，总是会有一些新鲜的点子，能够以创新性的理念和实践提升活动的质量。在活动中互相帮助，达到共同成长的目的。教师作为学生的启明星、领路人，作为教育活动的组织者和领导者，必须要有创新精神。没有创新型的教师团队，就不可能培养出创新型的学生。

2014 年学校举办万人运动会，如何才能组织 600 名小学生完成团体操表演，这是史无前例的事情，没有什么可以借鉴。然而工作坊的老师们带着体育组成员将繁琐的工作明确分工、制订训练计划；让学生短时间内练出所需的"形状"和"字样"非常不容易。老师们互相切磋，利用中午休息时间开会讨论队形变换，利用下班时间亲力亲为体会每一个动作，大家经常会因为其中一些细节争论，但正是因为这些讨论、这些分歧，开拓出新的思路，才能使工作顺利进行。

史家小学信奉这样的教育理念：若干年后，史家小学的毕业生可能不记得教师们在课堂上讲过哪些知识，但是一定会对学校组织的活动念念不忘。因此，史家小学组织了许多大型的艺术、科技、体育等大型综合活动，比如万人运动会、体育节、冬锻系列活动等，借助大型活动提升孩子们对体育的热爱，多元的活动也为学生提供了更加优质的体育教育。

学校承接"史家教育集团"改革项目后，2015 年上学期，以工作坊为核心力量组织集团会操、队列比赛，增加了班级凝聚力，拉近了孩子与孩子、孩子与家长、孩子与老师的距离，同时推动了集团各校区之间的相互促进。

此外，借助史家国际化教育资源，带领学生走出校门。在韩国，篮球队与当地小学生共同训练、比赛，提升了自信，开拓了视野。在云南海埂，游泳队与国家队同场训练，与奥运冠军叶诗文面对面交流，接受世界冠军曾启亮现场指导。学校啦啦操队多次出现在篮球全明星赛、CBA赛场，孩子们的精彩演出，得到了中国篮协领导、现场观众的一致好评，被称为"CBA的小精灵"。

下面是一位集团校体育教师在集团体育工作会上的发言。

我是刘媛，今天是以双重身份参会，第一个身份，我是史家实验学校的一名体育老师；集团化后，我交流到史家小学二年级部，担任体育组组长，这是我的第二个身份。

说实话，我毕业后一直在实验工作，那里的每一切对我来说都再熟悉不过了，想想开学后要到一个新鲜陌生的环境中，而且担任组长工作，角色有所转变，未免有些小紧张。后来想想，这么一所全国知名的学校，一定有很多值得学习且开阔眼界的地方，更会有它独特过人的一面。再加上和史家体育组的老师们经常有工作上的接触，不管是参加体育工作坊的活动还是学区集体教研，大家都相处融洽，互帮互助就像兄弟姐妹一样。而且张校长还找我谈了一次话，并对我说"以你的能力没问题"，到这里心里的一块石头慢慢放下了。

紧张的情绪散去后，下一步想的就是如何做好二年级校区的体育工作。初次来到新环境，校区领导热情地为我介绍了二年级校区的情况并告诉我"小伙伴文化"是二年级校区的特色，体育组也有幸参与了小伙伴课程的编写与实践，在这里大家都以伙伴相称，整个校园充满了和谐的气氛，让我一下对这里产生了兴趣。体育组的老师们耐心

2015 年体育四区联动暨国培计划活动体育教师做武术操展示

2015 年体育四区联动暨国培计划活动集团教师广播操展示

2015 年体育四区联动暨国培计划活动集团教师队列展示

2015 年体育四区联动暨国培计划活动集团教师广播操展示

2015 年学校啦啦操队参加 CBA 男子篮球联赛揭幕战演出

2016 年学校啦啦操队参加 CBA 男子篮球联赛揭幕战演出

地给我讲解本校体育教学、体育活动等方面的开展情况。第一次到操场上课，孩子们整齐的队列动作、洪亮的口号声以及精神饱满的状态真的震撼到我了，每个班级都那么规范，对于二年级的小同学来说，这就应该是所谓的"习惯"吧，简直太棒了！可见孩子们从一年级一入学老师就帮他们养成了好的课堂常规和体育习惯，更难得的是每节课都如此，做到这样实属不易。刚开始我的口令有些孩子不适应，为了能和大家一致，请组里老师利用课余时间把所有的口令和内容一一讲给我，经过调整后，师生之间配合默契了。第一次上早操，我看到所有音乐顺序都整齐地贴在广播室的柜门上，一目了然。伴随着《在灿烂的阳光下》的歌声，孩子们排着整齐的队伍陆续来到操场安安静静地稍息，等候所有班级的到来。整齐的"部位拍手操"，规范的"部颁操"，强劲有力的"武术操"，活泼可爱的"踢踏操"加上几个放松的小游戏，还有老师亲自带操示范，带给孩子们的都是快乐。几套操下来，笑容依旧挂在孩子们的小脸上，看着孩子们踏着《运动员进行曲》回班的背影，带给我更多的是惊喜、感动、反思……

　　说来说去，其实最大的感受就是集团化后，各校区制度规范，老师做事认真负责，同事之间相处和谐，学生的各种习惯、常规培养到位，短短两个半月，我已经适应了这个环境，也得到了很多。

　　拉拉杂杂说了不少，但是我还要说，作为二年级部体育组长今天受邀参会真的感觉很亲切！史家集团是一个大熔炉，作为其中一分子，我会和我体育团队的兄弟姐妹们携手共进，为学生的健康发展作出我们的努力！

下面是另外一位教师在集团体育工作会上的发言。改变总是在悄悄地发生，这些改变如涓涓细流，最终汇集成学校发展的美丽浪花。

我是史家小学交流到史家实验学校的体育教师张凯，今天非常有幸在这里跟各位交流，我交流的版块属于集团一体化管理，可是我更愿意把集团一体化管理跟我们今天会议主题"运动习惯"中的"习惯"放在一起说。因为集团一体化，改变了我一些原有的习惯，也增加了我一些新的习惯，但是呢，也把一些传统的习惯带到了史家实验，下面我就说说这些习惯。

首先不变的习惯是我体育教学工作的习惯，比如跟孩子们的互动，简单的稍息、立正、向右看齐，孩子们听到这些口令就会用统一标准的"左动、左回"等口号回应，这响亮的口号带有鲜明的史家标签，只要听过史家体育课的老师，都知道这种口号，就是史家学生的声音。类似这样的师生互动，孩子们每天都在条件反射般的进行着，这是融入到骨子里的体育课习惯，这是史家的习惯！永远不会变！现在它更成为了史家集团——我们的"大史家"的习惯。

其次，我要说说改变的习惯，这属于工作生活上的习惯。我在史家高年级部待了8年，其中有5年还住在学校宿舍，我30岁之前最好的青春都留在那里，所以我对高年级校区有着更深刻的感情，那里的犄角旮旯我都转悠过，对它有着偏执般的感情，我相信如果学校校园有思想的话，它肯定也非常熟悉我。这个学期由于集团一体化，我离开高年级部走进了史家实验校区，最明显的改变就是每天上班下班的路线，这种人员的调动把我家庭上班的时间提前了10分钟，当然这是题外话。新的办公室新的同事，我都要慢慢适应，幸好新办公室里的石子军老师非常好接触，对我们年轻教师也有诸多帮助，几天下来我、杨晨和石子军老师的新组合就非常默契了，我很喜欢石老师也很喜欢这个新环境，因为史家实验体育组也是个非常向上的团队。

最后，我要说说来到史家实验校区后新增加的习惯吧。来到实验校区第一件事就是给我升官了，当主任了——副班主任啊，由于我夫人也是班主任，所以我更加知道副班主任责任的重要性，这督促着我要每天进班，帮助班主任分分饭，看看班，放学帮助带一下学生。因为一年级孩子还小，更需要耐心，所以大事小事都要考虑周全，幸亏有一年级大组长班主任柯凤文老师的精心照顾，让我第一次成为副帮主任后没有觉得手忙脚乱。

我和徒弟王娇娇老师负责整个一年级的体育教学工作，我们作为史家实验的老师、史家教育集团的体育人，更加有责任有义务，培养这些新入学的娃娃们对运动的喜爱和兴趣，从一年级开始就让运动成为孩子们的习惯，让这些孩子们身体更加强壮，让健康伴随他们的一生！

以上是我的真情实感，不足之处望大家指正，谢谢！

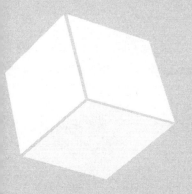

第四章
研究与共享
工作坊的实效性分析

工作坊是一个教师发展组织，为不同层次、不同需求的教师搭建发展的平台。站在未来教育发展的高度，工作坊提出了以强化教研培训机制建设为保证，以教育科研为引领，以教师专业水平提高为中心，以各种活动为载体，构建"教研、科研、培训"三位一体的教研工作格局的工作思路。

我认为，脚踏实地研究是工作坊得以存在的根本，也是教师发展的根基。研究教学，研究学生，研究课程，研究给工作坊的各类活动注入了活力和动力。在工作坊中，团队成员以面对的各种具体问题为对象，全体教师和专家共同参与，为了改进学校的教育教学，提高学校的教育教学质量，提高体育实践活动的组织水平。我主张工作坊的一切活动的组织都要从学校的实际出发，从教师的需求出发，依托学校自身的资源优势和特色进行。具体说来，工作坊运作机制需要突出三个特点：首先，"必须以学校发展为本"，围绕学校工作中的重要问题，有针对性地开展教研工作，通过解决现实问题为学校发展服务；其次，"必须以教师发展为本"，确立教师在教研工作中的主体地位，让教师成为教研的主人，通过教研来培养教师、提高教师素质；最后，"必须以学生发展为本"，要研究学生的学习活动，遵循学生身心发展规律，促进学生和谐发展。

在实践过程中，我们不能把教师发展的资源局限于校内，更不能把教师的研究视野限制在个人实践。因此，在工作坊开展过程中，注重校外专业人员的引领与支持。在实践中我们不但注重与科研院所等机构建立多方合作，积极争取他们的支持，更注重本区教科研机构在校本教研中专业引领，特别是北京科研院所、高校等机构的专业引领。

工作坊是史家小学教研机制的一种延续，一种继续，一种发展。可以说，没有史家小学几十年来积淀下来的浓郁的教研氛围与和谐共享的教师文化，工作坊就不可能有水到渠成的建立，也不可能有顺风顺水的发展。工作坊成立不到两年的时间里得到了教师们的认同，向心力、凝聚力、战斗力进一步增强。工作坊也是一种经验，也是一种探索，目前也取得了阶段性的成果。

一、成长摇篮：实现经验传承

有研究表明，一个学校的成长，取决于"学校精神"的塑造。如果把学校比作一棵参天大树，那么，优美和谐的环境、完善的硬件设施就是这棵大树的繁枝密叶，良好的行为文化是树的枝干，全面和规范的制度是树的茎脉，而学校精神则毋庸置疑是大树的深根，是树的灵魂所在。学校精神是学校主流文化、先进文化的反映，是学校教育价值观念的选择。一所学校的精神文化不是一代人就能建立起来的，而是经过几代人的努力，一代一代传下来，形成全校师生的共识，形成传统。有了这样的传统，学校就有了灵魂。

学校优秀的文化和经验在青年教师身上一代一代传承，才是学校发展生生不息的活力所在。学校多年来积淀的优秀文化传统和宝贵教育经验，是青年教师发展的宝贵财富。如何把文化和经验传承下去？我认为，一是机制，二是人力。实践证明，工作坊是传承学校文化和教育经验的有效机制。人力方面，优秀教师的力量不可低估。优秀教师是学校最宝贵的财富，他们不但是学校各项工作的中坚力量，同时他们也是学校文化的代言人和传播者。工作坊给优秀教师传承文化和经验提供了平台。

史家小学的品牌为什么被不断擦亮？优秀文化的传承机制发挥了重要的作用。文化是一种氛围，而每一个人都是史家小学学校文化的载体，尤其是老教师身上的教育品格、育人情怀、职业风范都是一种无形的文化资源。

"家有一老，如有一宝"，对一所学校而言，更是如此。富于教育教学经验、师德高尚的老教师是学校不可多得的财富。为什么品牌学校的发展经久不衰，主要源于学校优秀教育传统的传承。对任何一所学校来说，优秀教师传帮带的作用非常重要。史家小学的老教师通过言传身教，把史家小学的优秀传统一代一代地传承了下来。

史家小学的老教师也拥有"甘为人梯"的情怀。史家小学一贯重视年轻教师的培养，一贯重视新老教师的传帮带。师徒制在 20 多年前的史家小学就已经确立，并在培养青年教师方面取得显著效果。这种传统保存至今，并被发扬光大，成为新教师融入团队、提升专业素养的有效机制。每位史家小学的教师，都曾受惠于师傅在各方面的引导，都有说不完的关于自己师傅的故事。通过这种口耳相传的方式，学校好的风气、优秀的经验得以代代相传。就这样，老教师一点一滴地把教育教学经验传递给年轻教师，慢慢地把他们带起来。师傅对徒弟的影响是多方面的，年轻教师从老教师身上获得的不仅是能力的提升，还有对教学工作一丝不苟的敬业精神和扎扎实实的工作态度，同时师徒之间结下了深厚的情谊。

老教师尽力帮助年轻教师胜任教育教学工作，少走弯路。为了让年轻教师得到锻炼，学校为她们创造机会，安排学片的研究课，在评职称方面也为其创造条件，对以后发展非常有帮助。对于要评职称的教师，学校总会优先考虑为他提供各种机会，为教师搭平台，教师变得越来越出色，能够快速地成长。

师徒之间的关系非常和谐，师傅对徒弟的引领作用并不限于教育教学工作，在为人处世、工作状态、职业精神等方面都有引领。师傅会把工作和生活中的各种感悟传递给新教师，而徒弟既有传承也有创新。史家小学近年入职的教师专业知识非常扎实，只是缺少实战经验，因此还需要向老教师学习和借鉴。组内的老教师，都是不带头衔的师傅。年轻教师想去听哪位老教师的课，随时都可以走进班级。老教师也会毫无保留地把自己的想法与新教师交流。

我的成长受益于我的师傅"北京市特级教师"王仲生的言传身教和严格要求。后来随着年龄的增长，我也成了师傅，在带徒弟时，我也像师傅对我一样宽严相济，既严格要求，又真诚关爱。下面是一位年轻教师的成长经历。

刚开学的时候，写教学计划、写教案那阵子是我最难熬的时候，因为我刚刚参加工作，所以很多东西没有思路，总是问一次记不住，不理解，后来觉得自己很笨拙，可以说是很烦恼。那段时间里办公室每一位老师都不辞辛苦，不管是老教师还是新教师只要我问了，都会毫无保留地给我讲解，有的时候下了班还要给我再讲上几句，他们耐心地一遍一遍地帮我整理，教我怎么写。让我少走了很多的弯路，并很快进入了工作状态。

每个周二的政治学习，都会有不同的主题，比如老教师谈和孩子共同成长的经历，比如教师共同学习十七大的精神，比如健康促进校的动员工作等等，在这些严肃的主题背后流露出的，是每个老师对史小的奉献精神和一种积极的态度，这种共同为孩子、为史小而努力的和谐气氛，在默默地感染着我们这些年轻教师，让我们对工作态度有了新的理解和认识。

2008 年 9 月 10 日，是我成为教师的第一个教师节，也是最难忘的。还记得那天真的像老舍小说里写的那样，白花花的阳光，让人睁不开眼。在我们张欣欣老师和赵杰老师的带领下，在孙老师的指导下，全体人员从一点多开始画操场，一直忙碌到六点，开始大家还忙中取乐，开个玩笑娱乐一下；可两三个小时过后，每个人都不见了往日的欢笑，保存实力，低头苦干，就连休息也没人离开操场。师傅张欣欣老师为我们买来了冰水，大家互相勉励着，2000 个点在我们齐心协力下完成了。

前一阵子体育组几位老师参加东城区体育课展示，其中有刘悦老师，因为我俩都住宿，所以对那期间发生在她身上的事，我还是深有感触的。那时候她经常晚上备课到很晚，当有新的想法或者不明白的问题的时候，她总是很兴奋。到了白天，她会把想法和问题提出来，这个时候，体育组的每个老师就会放下手里的活儿，热情地跟刘老师探讨，直到讨论出结果为止。大家都在积极地帮她出主意。印象最深刻的是我师傅张欣欣和赵杰老师，下班后他们总是帮我们组 4 个参赛老师备课到很晚，有时候晚饭都不吃。体育组每个人都很热心，一个人做课，大家都会去操场上来帮忙，无论寒冬盛夏，有时候给我的感觉真的更像是一家人！这不是为了和谐说和谐，而是我内心真实的想法。

最近学校接收了纪检委老师的检查，体育俱乐部的工作原本就很有序，组内领导为了锦上添花，周六日也要我们来加班，没有人有怨言，因为我们明白俱乐部不是个人的，而是集体的，它需要我们来维护、来充实、来付出。虽然我们体育组老师的课多，有早操、有晚班的，就想借着周六日休息，但是没有人偷懒，大家都勤勤恳恳地去干。

所有的体育工作，党员起到了模范带头作用。他们对工作的执著和热情在默默的感染着我们这些年轻的教师，让我们对工作态度有了新的认识。

工作坊有效促进了教师专业发展的团队建设。有了工作坊之后，团队的凝聚力更强了。凝聚产生力量，团结诞生希望。和谐的教师团队建设是学校发展的基石，团队建设中所产生的向心力、凝聚力更是学校发展的源动力。

为了拓展年轻教师的学习领域，学校积极为他们搭设学习平台，创造提供一切培训机会，例如参加国家体育总局、教育部共同举办的全国优秀师资培训班；参加社会体育指导员的培训班；参加高尔夫球培训；参加趣味田径社会指导员培训等等。由于学校的支持与帮助，学校年轻教师曾多次参加全国、北京市组织的学习培训并以优异的成绩结业。参加东城区五年以下教师基本功大赛和教学比赛都获得了优异成绩。

史家小学体育教师团队各有所长，在这个团队中，身边的学习榜样和学习资源就可以"近水楼台先得月"。史家小学体育工作坊的老师们也非常喜爱足球和篮球运动，经常组织一起活动，但是身为体育人，通过运动锻炼身体是一方面，能通过运动了解项目的科学性以传授学生知识就更显得难能可贵了。不管是足球、篮球，还是田径、体操、武术、游泳，史家小学体育工作坊中不乏精通各种专项的老师，在教研活动中可以充分发挥个人专项特点，巩固个体教学能力的同时，也提高工作坊教学能力，最终辐射整个集团体育教师队伍，推动共同发展进步，这是史家小学体育工作坊的特点之一。

2014 年高尔夫球队海南冬训

二、智慧探究：科研助力高位发展

科研对于教师成长的作用、对于提升教育教学质量的作用，无须再做过多的强调。那么，是不是人人都能做科研？我的答案是：能！但是，人人都可以做科研需要把握一个前提——科研必须为教育教学改进服务，是教育实践中的真问题。新课程标准的实施，给学校体育教学带来了新的理念和要求。教师结合自己的教育教学实践，开展旨在解决工作中遇到的实际问题，对学科教学中具体的教学现象和出现的问题进行分析、研究，所研究的内容直接来自教学实践中的问题。研究成果直接为教学实践服务，提升自身体育教学质量。教师的研究也更加注重实际效用，促进教科研工作更加注重理论价值。

我提倡科研要"研以致用"。教师要以教学过程中发现的问题作为研究的选题，研究问题直接来源于教师自己的教育教学实践，是教育实践中迫切需要解决的问题，是教师自己的直接经历和感受。因此体育教师们在日常的科研工作中，根植于学校和课堂，广泛收集家长和学生的信息，发现问题，在课堂中探索解决问题的途径，不断试错，尝试解决问题。科研解决教学问题，这既是教师开始做科研的初衷，也是教师坚持做科研的动力。如果教师的科研也和专家的科研一样，盲目要求教师开展以"思想观念"和"理论流派"为己任的象牙塔式的研究，要求教师创造新理论、新思想，势必导致教师畏难、积极性降低，这样的科研对教师来说确实成了一种"负担"。我们也曾不断寻找教师科研的定位，并且随着新课程提出校本科研的相关理念和思想，这个定位逐渐清晰，就是要以解决教学问题为目标开展科研。

如何让科研对教师有吸引力？这取决于教师们如何看待科研，作为工作坊负责人如何引导教师做科研。在以往的教育研究中，教育研究活动似乎只是教育专家或研究者的事，与教师的教育实践活动毫不相干。这种情况导致了教师主动认识问题、解决问题的意识和对自己的教育行为反思意识的逐渐减弱、淡化，使得教师的工作成为一种单纯的执行教学步骤的行动。然而，教育研究的实践表明，教师在开展教育科学研究方面有着得天独厚的优势，教师不仅处于最佳研究位置，而且还拥有最佳的研究机会。所以，教师进行现代研究，意味着教师不再只是教育专家进行科研活动的一个棋子，教师自己要研究课题、制订行动研究计划、实施行动、收集和研究反馈信息并调整行动、评价结果、应用研究成果等，这些正体现了教师作为研究者的主体作用。现如今，体育组的每位教师都参加课题研究。只有将课程教学的全过程，置于科研规范、严谨的监控中，才能确保我们的教研不走偏路，使得校本研究能够扎实、有序、顺利地进行。

这样的校本研究，首先，有利于加强师德建设，塑造时代师表形象；其次，有利于强化专业培训，提升教师的专业自觉意识；再次，有利于形成共同愿景，个人目标与学校目标达成共识；此外，还有利于推出梯式培养，促进教师立体化发展；最后，提供了教师们的展示平台，让教师们在各种环境中充分展示才华。

多年来，我坚持以"科研带教研，教研促科研"的指导思想。体育工作坊的成立，进一步发展体育组的科研能力，组长带头，全员参与，并设立专人进行教科研的培训与资料收集，始终把教科研作为工作坊工作的强劲动力，把教育科研工作作为深化课堂教育改革、提高教学质量的手段之一。

我认为，教师的教育科研绝不是"锦上添花"，而是"研以致用"，这样的研究才会让教师感受到"解渴"，才能感受科研的魅力，使科研不再"高冷"。

1. 做"接地气"的研究

在倡导教师们做科研的过程中，深刻地感受到科研理念的重要性。目前教师们形成了这样的观念：科研归根结底是为教育教学的改进服务的。在教育教学中的问题和困惑的基础上产生课题研究，而课题研究的成果反过来为提高教育教学质量服务。这种科研理念避免了一般学校出现的科研和教学、科研和教研两层皮的现象。这种做法回归了教师参与科研的本质，即教师研究是为了解决实际问题，在解决问题中提高专业素养，增加了教师的问题意识、方法意识、反思意识、批判意识。

近几年，我带领课题组进行了"提高史家胡同小学三至五年级部分学生体操教学质量的研究"。这个课题有很强的现实依据。在确立研究课题之前，教师们进行了深入的前期调查，查找问题，分析原因。

经过调查发现以下问题。

（1）北京市不少学校取消体操项目的教学或几乎不教，原因是校方怕出伤害事故，体操器材、场地不到位。

（2）学生缺乏从低年级到高年级的系统训练。任何学科的教学离不开由易到难、循序渐进的教学规律。体操教学如果在某个环节脱节，或者一些学校教、一些学校不教和少教，就会造成以后学生学习水平上的极大差异。

（3）不少体育教师在体操项目的教学能力降低。原因是受"淡化技术"观念影响，进而引出了"练前滚翻只要学生去翻，不需要教技术"这种令人难以理解的观点。表现在教学实践过程中，教师对运动技术动作要领的讲解减少了，示范也不多了，有少数教师甚至不重视最基本的、必要的技术要领，只求学生多动，认为让学生多活动就可以了。

调查现状、查找问题、分析原因的过程，即是教师们进行科研的过程。实际参与调查研究过程之后，教师们发现科研并不神秘，而是与工作密切相关。经过教师们的努力，课题取得了理想的效果。教师们对于体操教学质量的认识更深刻了。我们认为，提高教学质量既要在教学内容新颖上做文章，又应该努力增加教学的深度。教师应根据不同的教学内容，采用各种教学方法，来引导学生对体操课的爱好。教师要激发学生的动机，使学生感到体操课是在欢乐中学到知识。而要想使学生们很快地掌握一些体操练习中的技术动作，必须有一点身体素质作为保障。不仅要使学生牢固地记住课上所学习的动作要领，还要增加学生自我创编能力、自我锻炼能力，增加自我展示的愿望和爱好，从而提高体操教学质量。

基于上述认识，课题组提出了切实可行的建议：多组织班级、年级形式的基本体操比赛，如队列队形、课间操、自编操等，以便调动学生学习体操的兴趣；必要的身体素质是学生学习体操动作的前提，所以老师可以每一节课利用5分钟时间进行素质练习，减少由于体质跟不上导致的课堂伤害，加快学生掌握动作内容的进度；培养学生自觉锻炼的能力，老师可以在快下课的时候以小组形式留作业，下节课进行小组展示并打分，这样同学们就会自觉去锻炼，还增加了对和谐团结的要求；在进行教学的时候老师可以适当降低难度，提高教学的趣味性。

教师的教科研一定要去"功利化"和"形式化"，实实在在地关注研究过程，学校或教师的每一项研究成果都有大量的实践基础。教师们体验到研究对于改进教育教学工作的巨大价值，从而也端正了科研态度，走在正确的、可持续发展的道路上。

2. 做"开放性"的研究

课题研究需要对话交流，需要不断提升研究水平，因此交流必不可少。我倡导做"开放性"的课题研究。

"开放性"课题研究的特点之一是"走出去"。为了使课题研究少走弯路，体育组坚持"走出去，请进来"的工作。

所谓"走出去"，就是有计划地带领老师们外出交流学习。我们有参加国家级和市级的专业技能培训班，并多次参与北京市教育学院的"国培计划"。通过培训，教师在专业知识和技能方面都有所提升，为自身发展奠定了坚实的基础。为了开阔教师的视野，感受不同的教育理念，体育组还定期进行跨校、跨区县、跨省市的异地交流，比如北京延庆的耐久跑和通州的篮球和技巧，还有贵州的跳绳和大连的障碍跑。通过交流不但提高了异地教学能力，也吸收了外校的教学理念，取长补短，积累了大量教学经验。

而"请进来"则是积极与上级联系，聘请东城区教研室马龙老师、北京市教研室樊伟老师、北师大于素梅教授到学校进行学术专题报告、理论学习辅导讲座，尤其是指导教研组的发展方向，不断地加强和修正校本教研的发展路线。我们通过聆听专家的讲座，直接与专家交流，进一步了解了课题研究的方法和要求，充实组内教师的理论水平，对我们的科研活动起到了很大的作用。同时，学校还努力争取承办各类大型教研活动的机会，先后承办过各类体育教学研讨活动。体育组内的教师在筹备这些活动中，丰富自己的工作能力，足不出户就能获得提高学习的良机，不断提升自己的业务能力与理论水平。史家小学还承担了北京市、东城区各种类型的体育比赛，组织比赛既能够锻炼队伍，又能够近距离地与各学校进行研讨。

"开放性"研究的特点之二是"跨学科"。我主持的"十二五"课题"小学生肥胖的影响因素及干预措施的行动研究"，就是体育组与卫生室共

2015 年北京市教研员樊伟老师讲座

2015 年工作坊马龙、张欣欣导师听课

2015 年马龙、张欣欣做教案检查

2015 年余素梅老师为集团教师做科研培训

张欣欣工作坊赴延庆二小交流

同合作申报和开展的。信息组和语文、英语组也进行了一定的合作，这种消除学科界限，加强学科教研组的合作，得到了学校的认可。跨学科的综合性研究是近年来科研的一个重要方向，这种研究往往具有很高的价值，也具有相当的难度。综合性研究是打破一般分科课程的框架，把几个学科领域内的内容综合起来的一种教学科研，主要从"整合"概念出发，探讨不同学科使课程中分化了的东西有机联系起来实现一体化，其实质是一种采用各种有机整合的形式，使学校教学系统中分化了的各要素及各成分之间形成有机联系的课题，是一种新的研究思路。实现它需要各科相互学习、不断交流、完美配合，这对教师的学科理解、科研能力、协调能力和整合能力来说，都是巨大的挑战。能够主持跨学科的综合性研究的人，必须对多个学科均具备一定的了解，并且具备一种宏观的掌控能力，这对许多大学教师来说都是具有挑战的事情。提出明确的方向，才能带领全体教师向同一个方向共同努力。打破学科教研组的界限，将实现史家小学科研团队的进一步提升，开展跨学科的综合性研究，也是史家小学紧跟国内外专家科研方向，为自身科研发展提出的高标准和新目标。

近年来，史家小学体育组的老师共同承担了国家"十二五规划"课题——"肥胖儿干预研究"。课题研究过程中，课题组打破学科界限，虽然是体育组承担课题，也要让其他学科教师参与进来，甚至家长、专家也参加进来。为了更好地在学校中开展预防肥胖健康教育，史家小学曾经举办东城区史家协作组校"家校联合，共促健康"专题活动。北京儿童医院内分泌科巩纯秀主任、北京协和医院内分泌科潘慧教授、《健康时报》健康教育部魏雅宁主任、东城区中小学保健所潘勇平所长，以及回民小学、春江小学、遂安伯小学、校尉小学、新鲜小学和我校学生家长代表参加了活动。保健室周老师汇报了史家小学肥胖干预情况。随后儿童医院内分泌科巩纯秀主任、北京协和医院内分泌科潘慧教授为同学和家长做了专题讲座，详细介绍了肥胖的危害和防治肥胖的方法。两位专家生动活泼、深入浅出的讲解使大家受益匪浅，提高了对儿童肥胖危害的认识，增强了预防意识。通过此次活动，各校师生相互交流、总结经验、共同学习，为进一步控制学校的肥胖率奠定了基础。

教师是课堂的负责人，而课堂是检验教育理论的实验室，教师的工作中充满了丰富的研究机会。教育研究也是教师作为专业人员的一种专业生活方式。教师进行教育研究是教师发展的必然趋势，也是教师发展的必然途径。

三、共享成长：来自团队的发展助力

史家教育集团成立以来，工作坊多次对体育组进行人员调整，将不同校区的体育教师进行重新分配，优化各校区的师资力量，使各校区的教育教学达到统一。史家教育集团现共有 39 名体育教师。其中市级骨干 1 人、区级骨干教师 2 人、校级骨干 6 人、兼职教研员 3 人。小学中学高级教师职称 3 人，小学高级教师职称 9 人，他们的专业特长涵盖了手球、篮球、游泳、排球、足球、网球、健美操、武术、田径等多种体育项目，有 7 名运动健将和多名一、二级运动员，所有体育教师均为体育专业。在参加东城区基本功考试和北京市的教师基本功培训中成绩优异，专业技术过硬。史家小学体育教师在各类市区级培训中担任指导教师任务。在全国、市、区各类教学大赛中多次获得一、二等奖；并承担了各级各类研究课、公开课、督导课、开放课 200 多节。老师们所撰写的论文也多次在市、区级评比中获

2014 年青年教师基本功培训

2015 年北京市基本功比赛备课

2015 年北京市基本功选手赛前会

奖，并有多篇文章发表。

"你不是一个人在战斗"，这句话用来形容体育工作坊参赛教师的心情再合适不过了。史家小学一直有这样一种氛围和传统：一人做课，八方响应。目前的情形是，史家教育集团的任何一位体育教师做课，工作坊全体教师全力支持，这种氛围是一些教师从来没有感受过的。

史家小学风气正、学风化，犹如一个春风化雨的环境，对教师和学生的成长进步，无疑会产生潜移默化的群体促进效应。而这种软性的、无形的促进作用，是学校各项硬性规章制度所无法企及的。因为规章制度强调的多是消极抑制的方面；而学校精神的促进作用，则会使师生产生积极向上的力量，会形成对学校所有成员具有巨大感染力的积极心理气氛，对一切与学校精神相反的错误倾向、心理与行为问题，具有无形而实在的抵制作用。"史家小学的任何一项成绩都不是个人的，都是属于集体的"，许多教师这样由衷地感叹。的确，史家小学的任何一项集体荣誉或任何一项备受瞩目的大型活动，都是所有教师群策群力的结果；任何一位教师所取得的成绩，都离不开背后强大团队的默默支撑。和谐教育理念实施所取得的重大成果之一，就是史家小学凝聚了一支团结、合作的教师团队。史家小学的干部队伍理念是非常超前的，这一点也体现在团队精神的培育方面。史家小学的干部们很早就意识到，如果一所学校只有个别教师优秀，不能形成团队的优势，那这个优势很难保持。另外，从教师成长的规律来说，教师之间的相互学习和带动是教师获得成长的重要因素。因此，史家小学非常注重团队建设，发挥整体优势。工作坊把这种精神气质继承下来，为集团内所有体育教师营造了一种"追求卓越、共享成长"的氛围。

史家小学的教师有团队的意识，自觉地在团队中发挥作用。一位教师遇到问题，所有人都会自愿地提供帮助。东城区实施学区化管理，史家小

2015 年史家教育集团二年级体育组合影

史家教育集团体育组女教师

2015 年新年史家教育集团全体体育教师合影

学的教师经常承担区内示范课的任务，这已经纳入史家小学日常教育工作，对周边学校的教师起到很好的带动作用。史家小学与周边 11 所学校结成发展共同体，并积极履行职责，已经进行多次公开教研活动，并且只要有大的教研活动，就向全区发布信息。史家小学建立了课程资源中心向整个学区开放，不但提供硬件设施，还尽可能提供师资，这也已经成为史家小学的日常管理工作。如今，除史家小学之外的各个校区的体育教师在工作坊集体的帮助下有机会走上学区平台，走上东城区平台展示自己的教学水平和魅力。教师们感到平台大了，责任重了，但是内心更加坚定和自信了。

在新的时代背景下，学校的发展需要全体教职员工的通力合作，和谐教育理念提供了精神动力和目标引领。另一方面，教师自身的发展也在合作、分享的氛围中得以实现，和谐教育理念营造了和谐、进取的教研文化。个人优势不如团队优势走得高，走得远。尤其是在北京这样竞争激烈的地方，如果学校里只有个别优秀的教师，而没有团队的优势，个别名师也不会走得高，走得远。在学校里，竞争是存在的。如果没有竞争，就缺少前进的动力。我们都有这样的经验：优秀教师集中的地方，产生的内耗也大。一般能力出色的教师鹤立鸡群之后，很容易孤芳自赏。史家小学要发展，必须减少内耗，形成合力，形成团队的凝聚力。史家小学非常强调团队精神和团队意识。时间长了，教师们明白，单靠一个人单打独斗是不行的，在史家小学的舞台上唱戏，要想整个一台戏唱好，就必须发挥团队的力量。

相信文化的力量，相信榜样的力量，相信引领的力量，目前工作坊内已经形成一种自觉的帮扶关系，所有体育教师都有一种勇往直前的勇气和拼搏奋进的精神，每位教师都有一种动力努力做到最好。工作坊集体的作用发挥得非常好。一旦有新成员加入进来以后，所有教师都会对新教师提供力所能及的帮助，引导新教师如何进行班级管理，如何与家长沟通，如何教育特殊学生，帮助新教师很快地步入正轨，从迷茫当中解脱出来。所以新老师进入角色很快，少走了很多弯路。

对学校来说，团队内的和谐、合作非常重要。负责人制订工作计划，安排各种事务和常态工作，需要所有教师鼎力配合才能完成。集体备课既保证了史家小学的教学水准，又完成了教学经验的积累和共享。每年放假之前，组内的教师把一册教材明确分工，每人负责一个单元的备课任务。开学后对备课的内容进行组内研讨，每一个教学设计都成为集体智慧的结晶。在这个基础上，每位教师再结合自己班级学生的特点和优势调整进度，而不是完全照搬，这样教师教学的个性也体现出来。在有整体教案的基础上，教师进行复备。毕竟有些单元不是自己备的，因此要调节一些内容，比如强化某个环节，增加练习题，补充课外知识等，教师会把所有的想法在组内交流沟通，共同研讨。一个学年结束以后，年级组把积累下来的整体教案和教师个性化教案与下一年教这个内容的年级组交接，把这些资料全部提供出来，实现教研组之间的传承。下一个教研组再删减增补，使教学设计更完善，如此循环传承下去。

年级组内只要有大型活动，比如接待课和赛课，组内所有成员都通力配合。教师忙完自己的工作，第一时间帮助参赛的教师研讨教案，听课评课，做教具。大家齐心协力完成一件事情。

北京市中小学体育教师基本功大赛是北京市重要赛事之一。以2014年为例，基本功大赛的比赛内容是三大球，篮球项目作为考核项目出现，分为基本功考核环节和说课环节两大项。工作坊成员中张凯老师、李小雷老师都是篮球专项，加上年轻教师朱海老师，共三名教师报名参与了此次大赛的篮球项目，从学区选拔到东城区选拔到最后入围决赛，历时四个月，最后取得两个总成绩北京市一等奖和一个二等奖的好成绩。在这四个月中，马龙老师和我邀请东城区老教师和专家，多次为三名教师做篮球基本功培训，对选手在练习时出现的错误一一指正，并针对选手的个人习惯规范动作，如变向运球的重心变换和时机把握，根据选手不同的身高进行调整，使整套动作更具连贯性，对比如动作准备开始和结束时候的举手示意动作提出统一的要求，使选手更具整体性和规范性，从而让选手更加自信。在专家培训时，要求所有不参赛的体育老师观摩学习；当选手都结束练习时，把练习的收获和想法跟大家分享，并带领老师们进行尝试练习，对老师们出现的错误动作及时进行纠正。这样既巩固了选手老师的篮球基本功水平，也让非篮球特长的老师们掌握了篮球基本功的要点，可谓一举两得。进入决赛后，就是说课的环节，工作坊帮助参赛老师们共同备课，将中学小学所有教材中的篮球内容进行汇总，对篮球不同的教学内容进行分类和细化。比如分类，篮球基本功分为运球、传接球和上篮三大类，分类后再进行细化，比如运球又细化为原地运球、行进间直线运球和变向运球。分类细化后，老师们共同研究单元计划、课时安排、三维目标的制订和每节课的重难点等等。在这个过程中，所有专项和非专项的老师都参与其中，对篮球这个教材都有了更深刻的理解，在备课中也能集思广益，提出自己的想法，从而帮助参赛老师在比赛中走得更远。

一位年轻教师参加北京市中小学教师基本功大赛的感受，可以了解教师在和谐氛围中成长的经历。

2015 年 6 月，北京市中小学教师基本功大赛拉开了帷幕，我报名参加了健美操专项的比赛。炎热的夏天，在史家小学张欣欣副校长的带领下，在体育组全体老师的帮助下，我顺利通过了专项技能比赛，进入了决赛说课阶段。

9 月，一个新的学期开始了。在新学期开学忙碌的工作中，张欣欣副校长率领全体体育组老师对我的说课环节进行备课。小学教材中没有健美操的内容，接到区里教研员的指示是以韵律和舞蹈为主。当我把人教版和北京版的教材浏览后，我很困惑。因为韵律与舞蹈的内容非常琐碎，也很繁杂。舞蹈和韵律体操统计出来有几十支。这种情况让我对比赛更加紧张，也无从下手。张校长安慰我不要害怕，并且亲自帮我分析了韵律与舞蹈课程的设计和教学规律及流程，并且组织全体体育组老师几乎天天晚上下班后帮助我备课。大家的工作都很繁重，每天的课时都安排得很满，看到大家在一天忙碌的工作后拖着疲惫的身体还在帮助我反复研究教材，斟酌教学设计，我内心十分感动，也激励我要更加认真地对待比赛，努力地背好说课稿。

因为今年我在小金宝校区教授一年级学生，张校长为了让我抓紧时间备课，专门为我成立了备课小组。主要由一年级、二年级及七条校区的老师承担，在没课的时候，利用一切时间帮助我改写说课稿，并且督促我一遍一遍地练习说课。起初，我对说课是没有概念的，总是认为应该按部就班地说，张校长和各位老师反复地为我讲解并练习说课的内容，细致到语言的准确性、语气的把握及表情和情感的渗透。

整整三个月过去了，在张校长和全组老师的呵护和帮助下，11月28日上午我在九华山庄完成了北京市中小学教师基本功大赛说课环节的比赛。为了给我加油，全组老师都去了九华山庄陪伴我，并且作为观众出现在说课现场。看到那么多熟悉的面孔，我紧张的心情顿时好转，出色地完成了比赛。

在此，我非常感谢史家小学给予我的平台，感谢张校长和全体体育组老师对我无微不至的照顾和帮助。让我感受到一个大家庭的温暖，为我在成长的道路上增添了绚烂的一笔。

　　每次备赛，不只本组教师参与，工作坊也会组织备战小组，老中青教师共同帮助一位教师。不同年龄的教师各有优势，年轻教师经常有创新的想法，老教师富于教学经验，中年教师是学校的中坚力量，有利于取长补短。

　　下面是我在小学体育教师基本功大赛的发言。

对北京市小学体育教师基本功大赛的感受

　　我能作为这次大赛的指导教师，首先要感谢体育教研室领导对我的信任，同时我也感到非常的荣幸。通过这次基本功培训，十年前我参加北京市基本功大赛的情境历历在目。北京市小学体育教师基本功大赛是提高和促进教学能力的很好手段，体育教师只有掌握好基本功才能在教学时游刃有余，才能真正落实《中共中央国务院关于加强青少年体育增强青少年体质的意见》的精神。

　　我们东城区这十几名选手各方面都具备了很好的素质，代表着我们东城区小学体育的形象。在担任指导教师的过程中，我向参赛选手介绍了以前我准备基本功大赛的经历，希望能够引起他们的一点儿注意。在说课环节方面，有些教师打电话向我询问一些注意事项，我都认真地做了答复。在指导选手们技能培训的时候，也与参赛选手做了交流，我希望能通过我对基本功大赛的一点经验和拙见，给老师们带来一些提高和安慰。很长一段时间了，我颈部一直都很疼，有的时候我强忍着伤病来为参赛选手服务。自从当了我校科任主任后，我的工作量和压力随踵而来，我通常利用下班休息的时间再次与参赛选手进行沟通。因为我知道，这些老师是我们东城体育的希望！虽然我们史家小学有三位教师参与这次培训，我对他们辅导的同时也从没忽视其他的选手，我希望所有教师都能有同等的机会参赛。

我校赵海涛老师受伤后，我每天都去探望他。我给他买了一些有利于伤病恢复的药品和白酒，让他每天都热敷。我还专程去买了足浴盐，让他每天都泡一个小时，促进伤病康复。为了使他安心养伤，我找来了代课教师代他上课，并与学校协商为赵海涛老师开全部工资，同时还安排体育组内的年轻教师照顾他的生活起居。经过我们大家的一起努力，他的伤病很快就有了好转，一个月后就在他的坚持下开始上课了。

在这次大赛中，有很多老师表现出了坚强的意志品质，为我们东城小学体育的荣誉克服了很多困难。灯市口商凤西老师以选手、陪练、指导的三重身份参加这次基本功大赛，他克服了年龄、家庭的限制，为大家服务的精神很令我佩服。特别是他能克服肩部伤病和年轻人一样地做动作，一样地学习和背诵理论，并为选手的武术技能做出了精心的指导。特殊教育学校王连伸老师年龄都已经快六十了，可他每当为老师们培训技能和备课时都尽心尽力。特别是在指导技能时，他亲自给老师们做示范、精心讲解、介绍经验……这种敬业、乐业的精神，是我们学习的榜样！当参赛选手抽完签后，所有的选手都帮助备课，提供建议及看法，为参赛选手提供很多技术上和心理上的支持。我相信，只要我们把这样的团队精神继续保持和发扬下去，我们东城区小学体育一定会有更大的进步。

如果史家小学的一位教师要去区里或者市里做课，他绝不是单兵作战，而是体育组全组的教师在背后贡献智慧，出谋划策。在准备过程中，每个老师都发挥自己的特长，青年老师帮忙做教具，有经验的老师帮助做课教师丰富教法、突出亮点……即使同时有几个老师都要参加一个比赛，彼此之间还是会互相帮助，毫无保留。通过这样的过程，组里的每个老师都有提高，做课的老师也会强烈感受到自己背后的团队支持，最终取得优异的成绩。

在已经举行的五年以下教师东兴杯教育教学大赛，和正在进行的北京市基本功大赛中，史家小学体育工作坊也起到了至关重要的作用。几位工作坊老师在工作坊导师马龙老师和作为坊主的我的带领下，为7位参加五年以下东兴杯教育教学大赛的选手指导帮助备课，每一位选手都和两位工作坊成员组成一个三人小组，每天下班后切磋商讨。年轻教师甚至有刚参加工作一年的教师，在备课方面比较欠缺，大家都群策群力，帮助引领，一点一点地教会年轻教师该如何备课，如何挑选内容，如何制订单元计划等。我们以选手为中心，让他们开动脑筋自己动手准备，遇到困难了，工作坊老师再加以帮助指导，这样让每一位年轻教师都能够把方法学到自己脑子里，这样才是授人以渔。北京市基本功大赛，史家小学李小雷、张少慧、王蒙蒙等几位老师参加，工作坊老师取各人长处，帮助他们练习。李小雷老师参加双杠，学校没有双杠，张凯老师就带着李老师去别的学校练习，每天下班都去练习一会儿，李老师的双杠水平有了明显的提高。张少慧老师参加的是体操项目，工作坊安排刘延光老师对其进行指导，每天都在办公室门口铺上几块体操垫，练习后滚翻、燕翅平衡等项目，通过不断的努力，张老师的动作有了很大进步，并在基本功比赛上取得了不错的成绩，同时张老师的体操基本功取得了很大提高，这是最重要的。

下面是一位教师的"东兴杯"参赛总结。

奠基健康，与学生快乐成长

东兴杯教学展示结束了，但耳边仍旧回荡着孩子的笑声，脑海里不断浮现出他们的笑脸。这是我第三次参加五年以下东兴杯教学比赛，每参加一次，就能感觉到自己的业务水平迈上一个新台阶。比赛是对年轻教师的考验，我们争分夺秒地备课、看教材、分析教学内容，挖掘自己的潜力，挑战那些不敢想象的困难。在那段时间里，才真正理解患难见真情这句话的意义。

每次比赛都会有难忘的画面，感动的瞬间，要感谢的人。但今年的比赛更让我刻骨铭心。

今年的比赛由"课标"、教师基本功、微创新课例和教学展示四部分组成。还记得每每下了课以后，我们都埋头在办公室里备课标的场景，还记得我们为了复习基本功考核，周末来学校加班，大家互相帮助、取长补短的日子。还记得为了能够制作出更好的微课例，郭志滨主任从百忙之中抽出宝贵时间听我们的设计思路，并提出宝贵意见！我的师傅张欣欣主任更是 24 小时在学校守候着我们这帮心里没底儿的小选手，只要有一个没走，他就不去休息。由于给我们备课，他的作息饮食没有规律，经常晚上九点多还没有吃晚饭，眼睛红红的，血压直线攀升。

参加本次比赛的选手一共 80 人，前三轮取总分排在前 40 的老师进入决赛——教学展示课。最能体现老师的能力和水平的就是教学展示课了。当大家还在期盼到底谁能进入决赛的时候，我却病倒了，我感觉自己浑身像个火炭，肚子针扎似的疼痛，那天正好是周日，医生诊断是急性阑尾炎，建议手术。我犹豫不决，下周三东兴杯就要出决赛名单了，下周末我还要带学生参加北京市健美操比赛。在这关键时刻，我请求大夫保守治疗，大夫同意输液三天后复查，并且在这三天里不能进食，如果输液不见效果要等待手术。我每天往返医院，在那里输液四个半小时再回来，这耗费我大部分体力和时间，我希望努力战胜病魔，能够进入决赛。

周三复查，医生说有很大好转，但还需要输液两天，要好好休息。傍晚，我们的期待也终于有了结果，体育组 12 人参与比赛，8 人进入决赛。

等待着的就是准备课，时间正好一周。周四一早我第一个到输液室里等待护士输液，然后直接去了学校，备课小组正好在开会，我们成立了一帮一小组，一个五年以上的老师带领一个比赛教师，大家分头准备，确定上课内容，分析教材和学生。当天一直工作到晚上十点，一融入这个集体，感觉自己像打了鸡血一样，浑身充满了力量，我完全忘记了自己还是个病人。

我像一个上足了弦儿的陀螺，争分夺秒地工作，这让家人很担心，老公担心我身体太虚弱了，要我好好休息，不能这样熬夜。我却觉得备课小组都在陪着我们，我却要先回家，这是不可能的。这次比赛是我能参加的最后一次，因为我正好是第五年，前三个环节那么努力，不能就这样放弃了。争来争去，我委屈得留眼泪，老公被我的执著打动了，只好妥协。我那天一直没有吃东西，浑身无力，后来也只能休息，但即便躺在床上，脑子也在不停地运转，全是上课的场景。

人的潜力是可以激发出来的。我迎来了我的"黑色星期五"，先是去输液，然后是那五节课。我拖着无力的身体，心里默念，一定要坚持。周六一早带着30名学生前往昌平一中，参加北京市健美操比赛。这两天让我有了很多的惊喜，我们竞技健美操实现零的突破，获得了两个竞技单人第二名。周末，比赛结束后，我便迫不及待地返回学校，大家在张欣欣主任的带领下，有条不紊地进行着做课要准备的每一个环节。张东海老师舍下生病的妻子，放弃周末陪孩子的时间，金帆、高建、刘悦他们认真地倾听我们的做课语言，并提出宝贵意见。

周一一早，张欣欣主任带着备课小组成员开始听高部的四节课，第一节是我的，我忙得一塌糊涂，由于做课内容是跳箱课，器材沉重，辅助教材比较多，不知道如何摆放，也不知道多远距离合适，总之，这节课下来，我像是晒蔫的茄子。由于我们要带队训练，所以集中备课的时间都在下午六点以后，老师们聚在一起开始为我们评课，器材的数量不够、摆放较宽松，不利于老师观察，辅助教材太远，除此之外还有教师语言、学生调队等一系列问题。我不停地记录着老师们提的每一个需要修改的问题。这时才觉得时间过得飞快，一抬头都晚上九点了。刘悦老师要负责住宿部，等孩子们都睡了，还会跑到办公室陪着我们，给我们出谋划策。

第二天老师们自己准备需要铺垫的内容，第三天上午，专家组又给我们每一位老师过了一遍流程，张欣欣主任不停地鼓励我们：只要付出，就有收获，等待我们的就是明天的太阳。

做课那天的早晨，阳光真的美好。做课之前，组里的老师都主动出来帮我搬运器材，有的帮我拿录音机，有的给我想着拿做课教案。想想看，就是把高部其他三位老师做课的器材都加起来也没有我一个人的重，没有我一个人的多，大家都当成是自己的事情，搬着重重的器材，挪着沉重的步伐，没有任何怨言。我把这画面铭记在心。

做课前，张东海老师帮我去班里接学生，还不忘记帮我调动孩子们的积极性，提醒课前注意事项，并做适当的铺垫。不一会儿，孩子们在班主任张滢老师的带领下步伐整齐地来到操场。由于评委要到各个做课学校来回地听课，因此来的有点晚，我心里有些不安，孩子们给我唱他们的儿歌，《小红帽》《蜗牛与黄鹂鸟》，他们边唱边拍手，随着歌声我的心情也安定下来了。

评委老师来了，我们开始上课，孩子们表现得很有激情，即使面对有挑战的跳箱，大家都能够互相帮助，互相评价，自己评价。我感觉我们不是在上课，而是在游戏，是在展示史家小学的风貌，是在挑战一个又一个难度，是在一起努力翻过一座大山。我用话语带动孩子们的积极性，大家都能给积极主动地回应我，表现力很强。临下课前，我鼓起勇气让从来跳不起来的两名同学试试，大家和我一起为他们加油，在我的保护之下，他们挑战自己，而且成功了！

我们在欢笑中结束了这一堂课，孩子们还有些意犹未尽，评委老师笑着说"大家的课上得真好"，孩子们笑了，我也笑了，眼里忍不住闪出泪花。

我认为体育课就是要让学生们在安全、快乐的氛围中，体验运动之美、运动之趣、运动之魅。力求强健学生的体魄，磨炼学生的意志，锤炼学生的品德，健全学生心智，为学生的生命奠基，为学生的生活添彩！

每一个孩子都有优点，也都有弱点，我们任何时候都要发掘他们的闪光点，让孩子们拥有自信的光芒，不能一味地抓住他们的弱点，不停放大，这样在课上就会有不愉快，就会伤及孩子的热情。我努力地做到让快乐的体育教学奠基孩子们小学美好时光，让我成为他们的良师益友，与他们一起快乐成长。

比赛结束了，不管结果如何，不管第几名，我很高兴，很兴奋，有这帮可爱的孩子我很幸福，有这些休戚与共的同事我感觉到温暖，我的成功离不开身边每一位老师的帮助。即使不语，但心存感激。

比赛仅仅是一种手段，但在赛后如何把理性层面上的认识，实实在在地转变为课堂教学上可操作的教学行为。如课堂学习目标的描述如何更具针对性和可操作性，如何体现学生学习方式的改变等等，这些都是我在教学工作中应关注和解决的问题。在今后的教学中多听课，多总结，学习别人的经验，弥补自己的短处，加强学习，拓宽知识面。教师的教学控制力和自身的知识结构有很大关系。如果知识面打开了，自信心增强了，教学过程中自然是游刃有余。我想通过自己的努力，点滴积累，总有一天自己会变成沉着冷静又有底蕴的有经验的"老"教师。

　　史家小学的教学资源是教师们共同建设的，也是共同享用的。比如某位教师要做课，其他教师听到这个消息，会主动把自己积攒的材料和盘托出，毫不保留。有的教师还特意花时间整理，让要上课的教师方便使用。包括教学设计、教材分析、课件等，全都倾囊相赠。有的教师没有这方面的资料，但只要知道哪位教师曾经讲过这节课，想要他的资料，得到的答复永远是"行，给你拷过来"。日久天长，教育教学资源都形成了一定的规模，非常具有实用价值。如果在其他学校接公开课非常累，一切都要从头做起，而在工作坊就会方便很多，教师在看了相关的资料之后能在更高的起点上思考。在一般的学校，课件、教学资料都是"私人收藏"的，而在我们集团内部已经建立了共享、共建的氛围。一切教育教学资源都是共享、共建的。教师团队非常具有凝聚力，大家一同备课，一同上课，互相学习，取长补短。所有教师的教学资源共享，这已经成为工作坊的自然状态。教师们也不再按校区作为区分，大家都是在为打造优质的品牌而努力，不分你我。团队中无论谁取得了成绩，不管是哪个校区的，所有人都会为他感到由衷的高兴。

四、开阔视野：走出校园开展专业对话

　　教师专业发展的途径多种多样。其中，对话是促进教师专业发展的重要途径。教师不但要与书籍对话，还需要与同行对话，与专家对话。在这个意义上，史家体育工作坊是教师进行对话的平台。

　　工作坊自成立以来，组织了多种多样的促进教师专业发展的活动。这些活动通过"走出来"和"请进来"的方式，力求让教师超越个人经验，

与专家和同行进行经验交流和思想碰撞。工作坊组织的活动根据校本教研的目标定位、教师的层次水平差异、校本教研的软硬件条件等重要因素，以教师专业发展为主旨、以史家小学的办学理念为支撑、以教师日常教学中的问题和困惑为主要内容，组织教师参加各类专业对话的活动，实现发展教师、发展学校的最终目标。

教师们明白，要想给学生一碗水，教师必须要有"长流水"，这就要求教师坚持学习，不断地给自己充电，工作坊根据教师的需求为教师积极地搭设学习平台，为教师提供各种培训机会。史家小学体育工作坊成员取得了突出的成绩，成绩的取得离不开团队的合作配合，更离不开专家们具有针对性的各种指导培训。这种针对成员教师们的自身特点，扬长补短，不断加强成员教师们的自身运动素质及专业教学水平的培训手段，让所有成员教师受益匪浅，并让成员教师带动年轻教师的发展，从而推动史家教育集团中体育教师团队的整体水平不断攀升。这种量体裁衣式的、分析每位成员特点（体育专项特点、职称特点、教学风格特点）制订培养策略的方法，我们称之为"个性培训"。

现在国家大力推广足球进校园的活动，而且足球项目一直深受学生们和老师们的喜爱，史家小学也成立了足球队。足球队自成立以来，工作坊成员徐礼峥老师、刘禹老师和臧景一老师都曾担任足球队领队，带领球队几年来不断进步，近两年来更是在东城区的校园足球比赛中获得了第一名的好成绩，学校足球队也成为了史家小学的招牌队伍。在这个大前提下，史家小学体育工作坊借势成立"小足球教研组"。让具备足球特长的老师牵头，根据不同学段的教学特点，总结出小学教材中出现的所有足球项目的教学内容，包括动作方法、易犯错误、纠正方法和重难点的制定与解决的小方法等等。通过总结，让具有足球特长的老师们发挥自身优势，在过程

2015 年徐礼峥老师上足球北京市评优课

2015 年臧景一老师上东兴杯小足球一课

中熟悉了教材，巩固了教学的知识点，积累了教学经验，并且通过足球的教研活动，在与其他成员老师分享经验的过程中，也让更多的成员老师受益，也提高了工作坊成员的整体足球教学水平。

学校每个学期都会有计划地安排教师外出交流学习，例如：体育组的教师近期曾参加国家体育总局、教育部共同举办的全国优秀师资培训班、社会体育指导员培训班、高尔夫培训班、趣味田径社会指导员培训班等等。通过培训，教师在专业知识和技能方面都有提升，为自身发展奠定了坚实基础。

学校经常组织异地交流，既"走出去"又"引进来"。史家小学体育组定期走访周边在体育教学上比较有特色的学校，进行异地授课。在授课过程中，教师们取长补短，开阔了视野，积累了经验。史家小学体育工作坊自成立以来，组织各种各样的工作坊活动，这其中包括专业方面的、人文方面的、文化方面的、跨学科领域方面的，为工作坊成团搭建了发展的平台，以工作坊成员为核心，带领周围同志进步。

"请进来"主要是学校结合工作实际，有针对性地邀请市（区）教科院、体育教研员或其他学校的优秀体育教师来校进行学术专题报告、理论学习辅导讲座，尤其是对教研组的发展方向的引导，不断地加强和修正校本教研的发展路线，充实组内教师的理论水平。

同时学校还努力争取承办各类大型教研活动的机会，学校先后承办过各类体育教学研讨活动。体育组内的教师在筹备这些活动中丰富自己的工作能力，并足不出户就能获得提高学习的良机，不断提升自己的业务能力与理论水平。史家小学承担了北京市、东城区各种类型的体育比赛。通过组织比赛，既能够锻炼队伍，又能够近距离地与各学校进行研讨。

2014年12月17日，史家体育工作坊邀请北京市教研员樊伟老师为史家学区全体老师，以及延庆第二小学，通州区史家小学分校等老师，做"东城区体育教师专业素养研修—2011 版体育与健康课程标准引领下体育教师专业发展"讲座一节，本次活动是以专题讲座的形式进行，内容围绕着"体育教学技能分析"展开，讲座内容与时俱进、深入浅出，使在场的每位老师都聚精会神地认真聆听，樊老师以大量的事例引领大家从细微看全面，以点概面，全面剖析问题。最后总结"体育教学技能与体育教师的运动技能密切相关"，这一点让体育教师自身素质修养得到了整体升华。精彩的讲座在大家热烈的掌声中完美结束。老师们都意犹未尽，并对以后的教学有了更深一步的理解。

跨学科方面，史家体育工作坊张凯老师和徐礼峥老师，做"东城区教研活动——中小衔接现场会"一节，活动由我主持，张凯老师为初一学生上单杠"正撑，单腿摆越成骑撑及还原接挺身下"一节，徐礼峥老师做"脚背正面传球"一节。两位老师在学校都是担任高年级段学生教学任务，通过这次交流活动，更充分了解了中小学体育学科衔接的重要性，对以后的高年级段教学有了更深层次的理解。东城区全体体育老师也观摩了两位中学体育老师为小学生上的体育课，让人眼前一亮；而两位中学体育老师也感受到了小学教育的不同，为他们今后在小学中学衔接方面的教学提供了宝贵的经验。

通过这些跨领域的交流，史家学区各位老师在史家体育工作坊的引领下，提高能力，锻炼自己。每一位老师都从中受益，这正是工作坊所能发挥的最大作用。

文化方面，工作坊组织部分老师赴武汉观摩全国优秀展示课，徐礼峥、金帆、张东海、吕庆伟、陈凯、何莹、刘悦、臧景一共八位老师参与，大家在武汉观摩了全国各省市优秀体育老师上课，吸取全国各省市的特点，取长补短，开阔视野，并且留了珍贵的影像资料，带回来供所有老师学习研究，这正是史家体育工作坊为各位老师搭建的学习平台。史家体育工作坊还承接了韩国釜山东莱初等学校来史家小学的交流访问活动，在我的带领下，刘延光、杨晨、张凯、朱海、刘悦几位老师组织我校学生接待韩国釜山东莱初等学校一行100多人来我校交流并签约友好校，两国学生在演播厅表演精彩的节目，韩国学生带来了乐器表演和合唱表演，我校学生表演了精彩的啦啦操展示和健美操展示，活动后两国学生集体活动，通过打篮球、踢足球、羽毛球等活动让韩国学生融入我校校队当中来，让他们体会了中国体育活动的特色，让两国学生在欢乐的氛围当中增进了感情，增进了友谊，为中韩两国以后更深层次的交流打下了良好的基础。

我校工作坊还接待过美国西德维尔友人学校来访，这其中包括美国现任总统奥巴马和副总统拜登的孩子，我校王金斗老师为他们上了一节生动的中国武术课，让他们在一节课的时间里，体会了中国武术的博大精深，并学会了一套"五步拳"，还观看了王老师表演的"猴棍"，美国同学看得目瞪口呆，连声叫好。

通过这些工作坊活动的组织，开阔了老师的视野，同时也为中国，为史家小学在国际上的知名度起到了良好的促进作用。

"学而不思则罔，思而不学则殆。"教师参加各种教研活动不仅仅是以制度加以规范的，更要靠教师的自觉努力和自我提升。任何一个教师，不论其教学能力起点如何，都有必要通过多种途径对自己的教学进行反思。学会反思有着其现实的意义。教育经验的丰富和深刻程度取决于教师个人是否能够在教育教学过程中进行思考，不断发现和解决教育教学过程中的问题，不断改进自己的教育教学行为。反思的目的在于提高教师自我教学意识，增强自我指导、自我批评的能力，并能冲破经验的束缚，经过对教

2015年荷兰国王协王妃到学校参观足球队训练

2015年羽毛球队赴广州伟伦体校训练

啦啦操队 2015 年云南夏训

2015 年健美操队赴广州伟伦体校集训

学的持续诊断、纠错、创新，才能不断地实现个人的成长与发展，提高专业化水平。从"操作型"教师队伍中走出来，走向科研型教师。为了避免出现"等现成"的情况出现，工作坊活动中不论是备课还是评课，都要求上课老师要有自己想法与教学步骤，并在课上加以实践和改进。最后所有成员才会根据具体情况进行集体备课，只有自己思考了才有收获，避免简单模仿他人经验的情况出现。正如马龙教研员所说："和谐教育是史家小学首先提出的，现在之所以能取得这么大的成果，一个主要的原因是老师们能够把通过观摩学习、专家解读得到的知识和理念，转换到自己的教学实践中，这是史家小学做得比较突出的。"

反思是促进教师成长的有效措施，我国教育专家林崇德先生也提出了类似的公式：优秀教师＝教育过程＋反思。这个公式体现了教师成长的过程是一个总结经验、捕捉问题、反思实践的过程。只有在"反思－更新－发展－再反思－再更新－再发展"这样一个不断上升的过程中，教师才能不断地实现个人的成长与发展，提高其专业化水平，避免简单模仿他人经验的情况。

因此，我们鼓励老师要经常反思自己的教学理念，检验自己的教学策略，考察自己的教学行为，评估自己的教学效果，将所学所看转化成自己的教学策略，内化到自己的教学理念中，从而达到更新教学思想、改善教学行为、提高教学质量、促进学生发展的目的。

附录1

体育校本课程建设促进创新人才培养的研究

一、研究问题及研究意义

（一）问题提出

阳光体育运动在各级各类学校已吹响了进军的号角，学校把帮助学生走向幸福和成功作为教育追求，使一度沉闷的校园变成了孩子们欢乐的海洋，在 60 分钟的七彩阳光中，学生尽情地投入到充分的健身活动中去。为了切实加强体育工作，促进学生积极参加体育锻炼，养成终身锻炼的习惯，提高自我保健能力和体质健康水平，我校开展了阳光体育校本课程建设，将健康第一落到了实处，形成了生动活泼的育人局面。

1991 年学校提出"和谐教育"的办学理念，二十年来一直致力于理论和实践的研究。在体育校本课程开发和实施方面，逐渐形成了一套适合小学生体育运动的教学模式，正式出版了《手球》《乒乓球》《游泳》《形体》等按照学生心理生理等特点适合小学生选用的校本课程读本。

2005 年学校学校搬进新校舍，这里体育硬件设施齐全，面对契机我们在思考：如何在现有校本课程阶段性发展的基础上，使之更具连续性？如何打破教师专业发展的"高位平台盘整"，在校本课程的再建设中，整体提升教师专业的上位平台？如何满足学生个性化、多元化、发展性的需求？为培养创新人才积蓄潜能？如何发挥优质资源校的辐射作用，把校本课程推进为区域共享的优质资源，为均衡教育作出实质性的贡献？

（二）研究意义

1. 实践意义

为了进一步贯彻落实中共中央国务院关于加强青少年体育，增强青少年体质的意见和北京市学生体质健康促进条例的精神，使体育新课程标准的精神和理念能在我校得到充分的贯彻和落实，培养学生养成锻炼身体的习惯，树立健康第一的指导思想，随着新课程的持续推进和阳光体育的蓬勃发展，我校结合实际情况，以本土性和创造性为抓手，培养学生体育艺综合素质为目标，结合我校体育课程资源的现状，提出了体育学科校本教研的研究，对推进我校体育课程改革和发展具有十分重要的意义。

本课题研究立足学校体育教育实践，对学校已有校本课程的实施进行诊断，有助于解决校本课程开发、实施中存在的现存问题，为构建和谐的校本课程完善体系提供准确依据；有助于有效地促进校本课程和国家课程协调发展、社会需求的协调发展、促进教师专业化的协调发展、学生个性化需求的和谐发展、培养创新型人才的协调发展。

2. 创新意义

本研究基于和谐教育理念，基于学生发展的需求，着眼于学生兴趣、爱好的个性化打造，特别是关注培养学生创新型人格，为学生的成长积蓄积极情感、过程体验和活动经验；将校本课程的和谐发展与创新人才培养联系在一起探索，用行动研究将校本课程的规划与教师专业发展规划联系在一起；将优质校本课程推进为区域共享的课程资源，赋予校本课程更广泛的意义和价值。

二、研究过程

（一）概念界定

1. 校本课程

校本课程是相对国家课程、地方课程而言的，是课程管理权力的一次再分配。本研究认为校本课程是：通过对学生学习、发展需求进行分析评估，充分利用社区和学校的课程资源优势，依据"和谐教育"的办学思想，开发个性化、多元化、多层次的课程。在促进全体学生全面、和谐、可持续发展的同时，发现、引导、培养学生的创新潜能和创造型人格，满足学生的差异性发展。在校本课程开发、实施、建设的过程中，调动教师的内需，将教师专业发展的契机，延伸到有效促进学生的最终目标。

2. 创新型人才

小学教育阶段是发现和激发创新潜能，培养人才的创造新思维和创造性人格形成的重要阶段，尤其是和谐的校本课程的开发，可为创新型人才的心理品质的发展奠定坚实基础。本研究认为创新型人才的培养是指：在人的全面发展的基础上，通过校本课程的开发，培养学生创新型人格，激发创造潜能，促进学生创新型人格和创新能力的和谐发展。

三、研究内容

（一）体育校本课程的建设与管理

1. 硬件建设

依托史家课程资源丰富，课程内容前沿的优势，本着"重参与、实践，重合作、互动，重应用、创新"的宗旨；以"国际化"为视野，进行以身体练习为手段，增进孩子健康为思路，从学科课程与活动课程、课堂教学与课外教学、模仿教学等方面，实施体育素质教育。

2. 规划课程

对课程资源中心现有课程进行全面诊断，构建更加适合年龄发展和学生需要的课程体系。如适合低年级的形体课程，这个阶段孩子的身体发育较快，体型容易变形。三、四年级学生反应较快，好动，将乒乓球列为校本课程。五、六年级学生认知能力较强，有集体荣誉感，选用手球课程为上课内容深受学生喜爱。在校本课程上面，我校分单双周课，把校本课程列入体育课的一部分。丰富孩子们体育生活，激发学生热爱体育锻炼的兴趣。

3. 师资引进

目前为了使校本课程更有效、更全面地适合学生教学，我组专门为校本课程安排了专业技术水平较强的老师负责教学。按照教学计划进行，每次有课后总结，定期撰写报告、案例，教师根据学生的需求进行课程调整和设置，接着学生提供反馈和建议，然后教师自我反思，进行团队研究，再进行课程修订，修订后的课程再实施，再次接受评价。形式逐步构成"学习中实践，实践中研究，研究中发展"的发展模式。

（二）培养创新人才的培养

教师通过上课教授学生知识，找出拔尖人才，再制订培养方案，对拔尖人才进行专门时间的训练，给孩子们搭建参加北京市、区乃至全国比赛的机会，不仅锻炼了身体，还开阔学生们的眼界，丰富各方面的能力。

例如：我校手球队获得 3 次全国冠军，形体课分出的健美操队获得全国 22 人次冠军，游泳获得北京市一、二、三等奖。乒乓球获得北京市一等奖 3 人次，二、三等奖 4 人次。

（三）教师的专业发展

在培养创新人才的校本课程的开发和实施中，为教师搭建学习、交流与展示的平台，研究教师在具体实施中，要关注学生的发展需求、个性差异、知识技能、情感态度与价值观，关注学生创新型人格的发展和潜能的开发，撰写研究日志，进行个案分析，调研反馈，评价阶段成果，归纳形成实施的策略。

教师根据学生的需求进行课程调整和设置，学生反馈和建议，教师自我反思，团队研究，再进行课程修订，修订后的课程再实施，再次接受评价。

探索教师在校本课程的开发、实践、总结、评价中专业能力提升的途径和效果分析。

2014 年承办东城区中小学生乒乓球比赛

（四）体育校本课程开发的策略

1. 转变观念从思想上重视校本课程的开发

校本课程的开发是对国家课程开发策略的重要补充，各级体育课程管理部门必须切实转变观念，从思想上重视校本课程的开发。就学校而言，校长和体育教师必须加强体育课程的意识，还有学校的一些相关机构，应当相互协作，集众家之长，发挥在体育课程开发中的主动性和创造性，使校本课程更具有科学性和合理性，更具有本校的特色，促进学生身心健康的发展。

2. 加强校长和体育教师的培训

校本课程的开发是学校自己的教育哲学产物，进行体育校本课程的开发，校长的参与是重要的影响因素。学校要实行校本课程开发，校长必须具备相应的领导素质，同时作为体育校本课程开发主体的体育教师也应具备相应的课程开发的观念、意识及技能。

目前我国体育教师课程理论方面的知识而言，远不能适应校本课程开发的需要。因此，现阶段加快学校体育校本课程的开发，必须要大力提高各级各类学校校长和广大体育教师课程管理与开发方面的知识和能力。

四、实践效果

1. 针对不同的对象而进行的对原有课程内容的修改

校本课程开发中的课程改编，主要是指导教师对正式课程的目标和内容加以修改，以适应他们具体的课堂情境，如增加或删减课程内容（调节难度）；改变课程内容的顺序、调整课程教学重点等。针对学生的年龄特征、身心特点，以及季节与气候的变化，在教材中不仅安排了丰富多样的体育活动，而且增加了活动的趣味性，使得学生不仅能强身健体，而且能从中获得快乐积极的情感体验。

2. 通过不同年龄学生选择不同校本教材，构建欢快的课堂教学模式

为了让学生能普遍体验到学习的快乐，一改平日的课堂教学，在校本课程教学的探索实践中，我们摸索出了一套按照玩－学－赛的方式，满足不同年龄不同需求的幸福课堂教学模式。

2.1　玩出花样，玩出欢乐

对于一、二年级的儿童来说，幸福莫过于让他们玩耍，玩是孩子的天性。抓住这一特点，我们安排了形体课程。利用两年时间来培养兴趣，让学生在玩中有所发现与认识，并从中体会到学习的快乐和幸福。手球在他们眼里就是熟悉的花皮球，是伴随着他们快乐成长的大大小小的球中的一员。为了让手球成为学生喜欢玩耍的内容，成为学生兴趣之所在、快乐之所在，我们采取了多种形式的玩法。例如：花样排球——此游戏主要是训练学生熟悉球性，增强球感；高射炮赶快跑——类似的还有"一、二、三，冲过烽火线"，用来训练传接球能力；障碍运球接力 ——或迎面运球接力，主要训练学生运球能力。另外体育老师还设计了许多趣味性的游戏，例如贴人、动物园、空中飞、春播秋种、打靶等。

游戏过程中采用个人玩耍、小组玩耍、群体性玩耍等方式开展。每一次活动尽管有一定的运动强度，孩子们累得满头大汗，但他们兴趣盎然，整个活动到处充满欢乐，从孩子们欢愉的眼神中可以看到他们在学校的校园生活是多么快乐、多么幸福！

2.2　学出技术，学出兴趣

乒乓球运动在我校是传统体育项目，深受教师和学生的喜爱。几年来学校的乒乓球活动一直受到学校领导、教师、家长和学生的关注，有着广泛的群众基础。因为乒乓球是国球，学生这方面知识了解较多，在学校乒乓球人口占全校学生总数的 80% 以上。而且学校乒乓球队在全市小学乒乓球活动中有一定的影响，多次在全市乒乓球赛上获得好成绩。再有我校有相应的物质条件作保障，我校有专用的乒乓球馆，馆内有 12 张固定球台可供学生使用，可以确保学生的训练时间。乒乓球教练员有丰富的教学经验，且有较强的敬业精神。综上所述，学校开展乒乓球活动势在必行，为了使此项活动得以科学、系统、持久、普及地开展下去，制定乒乓球校本教材是为发展学校乒乓球运动奠定了一个坚实的基础。

随着学生年龄的增长，到了三、四年级，他们对于玩不再单一地停留在玩耍阶段，他们开始对玩的质量提出了要求，这阶段学生学习乒乓球技术。这项运动更趋向于技术方面的追求。为了满足他们的需求，在这两年的时间里，学校安排的是学为主，学习乒乓球基本技术技能，从基本的发球、传接球技术到对打、对抗赛等，通过多种形式模仿正确的方法、要领，练好基本功。为了能让枯燥的技术动作学习变得生动有趣，我们还研制出了一系列的教学方法。

2.3　赛出潜力，赛出精神

当学生步入五、六年级时，他们的心理发展特点之一就是竞争意识强。对这个年龄段的孩子，我校选择手球为校本课程。我们不难发现学生之间不管做什么都要争第一，生怕落后于他人。面对这一年龄阶段的学生，比赛无疑是最受欢迎的教学方式，除了刻意进行篮球技术强化练习外，经常通过打比赛等多种综合活动使基本技术得以巩固和组合发展。以最大程度地挖掘学生的能力，活跃课堂气氛，提高教学效果。一般采用的有男女混合赛、小组对抗赛、班级友谊赛。我们还提倡学生进行课外自由赛，通过多样化的比赛，促使学生把手球的基本知识、技能和综合性、对抗性、集体性等融为一体。在体育活动中，更好地发展了学生的速度、灵敏度、力量、弹跳等自身素质，培养了学生勇敢、顽强、机智、果断等意志品质和团结友谊等集体主义精神，有力地促进了学生的身心健康。

五、成果特色

（1）体育类校本课程新体系的构建和实施方案；校本课程系列丛书——正式出版了《手球》《乒乓球》《游泳》《形体》小学生读本。

（2）带领学生参加全国、北京市、区级比赛，并获得优异成绩。

（3）课程案例结集《享受校本课程乒乓球带来的乐趣》。

（4）教育论文。

（5）教学设计。

六、结论

总之，立足本土，结合校情，这是找准校本课程的基点。我们要充分利用本校本地各种资源，合理开发体育校本课程。坚定信心，找准方向，这是展望校本课程的起点。我们要认识校本课程开发的意义与功能，充分调动教师与学生的积极性，符合本校教师和学生的发展特点与实际需要，提高课程开发的成效，将课程改革的目标落到实处。让每一位学生都走向操场，走进大自然，走到阳光下，享受阳光体育带来的快乐！

附录 2

提高史家胡同小学三至五年级部分学生体操教学质量的研究

【摘要】坚持健康第一为指导思想，依据《体育课程标准》和《北京市教委关于加强中小学体育课程教学的意见》，落实"关注个体差异与不同需求，确保每一个学生受益"的基本理念。特别是《北京市教委关于加强中小学体育课程教学的意见》中的第十三条明确指出的：应着力加强体操类项目的教学，特别是器械体操，以促进学生身体形态和综合能力的全面发展。

加强基本体操教学有利于提高人的基本活动能力养成正确的身体姿态，体操能全面和有重点地锻炼人体，合理地选择项目与内容，坚持锻炼就能全面地增强各运动器官、内脏器官和神经系统，促进人体全面发展。体操还具有一定的艺术性，能给学生们带来自信。可是，体操课的很多项目和动作在中小学里被取消，原因是危险系数高，容易出现伤害事故，以及体育老师根本无法示范。

提高课堂教学质量是各中小学校的一项中心工作。体操是小学生们喜闻乐见的体育项目之一，内容丰富，形式多样，适合不同的人群，体操也是体育课上必修的课程，影响教学质量的因素很多，但是最基本、最重要的因素是教学内容、体操教学方法和学生自身素质等因素，它们直接影响到体操的教学质量。

【关键词】体操，教学质量，教学方法

一、前言

1. **体操教学现状分析**

（1）目前据调查分析，北京不少学校取消体操项目的教学或几乎不教。分析原因：校方怕出伤害事故，体操器材场地不到位。

（2）学生缺乏从低年级到高年级的系统训练。分析原因：任何学科的教学离不开由易到难、循序渐进的教学规律。体操教学如果在某个环节脱节，或者一些学校教，一些学校不教和少教，就会造成以后学生学习水平上的极大差异。

（3）不少体育教师在体操项目上的教学能力降低。分析原因：受"淡化技术"观念影响，进而引出了"练前滚翻只要学生去翻，不需要教技术"这种令人难以理解的观点。表现在教学实践过程中，教师对运动技术动作要领的讲解减少了，示范也不多了，有少数教师甚至不重视最基本的、必要的技术要领，只求学生多动，认为让学生多活动就可以了。各学校在逐渐压缩体操课程。

2. **体操课的地位**

1903 年，清政府颁布《奏定学堂章程》，是中国近代第一个以教育法令公布并在全国实行的学制，其中规定把"体操"（即体育）列为必修课程，公立"各学堂一律练习兵式体操，以肄武事"，当时体操内容是根据瑞典、德国体操和一些轻器械体操编成的。这一时期体操运动几乎是我国学校体育课程的全部内容。1923 年，北洋军阀政府将体操一词改名为体育，"体操科"改为"体育课"。解放以后，我国在历次的体育教学大纲中都把体操列为学校体育课程的重要内容之一。我国学校体育自有体育课程以来，体操就一直是体育课的重要内容之一。

目前，新的中小学体育与健康课程标准取消了对教学内容的统一限制和具体要求，但在内容标准中提出，当学生达到水平四和水平五的学习目标时，应能够完成一两套技巧或器械体操动作。

随着体操课程的逐渐压缩，怎样才能保证很好的教学质量？这是本文要解决的根本问题。小学体操课程教学难度不是很大，如技巧、支撑跳跃和低单杠教学。决定教学质量的因素很多，但是，最基本、最重要的因素是教学内容。教学内容是提高体操教学质量的基础，没有"新、深、精"的教学内容，即便是最出色的教师要想取得教学效果也很困难的。教学实践表明，教学内容的新旧、深浅"层次差"可能比教学方法和教学手段的"优劣差"对教学质量的影响更大。因此，深化教学改革，提高课堂教学质量，必须在教学内容的更新、挖掘和提炼上下功夫。其次影响体操教学质量的因素是教师的教学手段和教学方法。体操动作是一项复杂而危险的技术，而大部分是在异常状态下完成的。体操教学有其特殊性和复杂性，有很多技术都是在翻腾、旋转、腾越等情况下完成的，内容繁多，形式多样，并具有时空性和瞬息多变性的特点。因此在体操教学过程中，仅凭一种教学方法是不够的。在运用教法的过程中应多注重培养学生的主动性和创造性。很多国家的体育学者认为，引起学生学习的兴趣、调动学生主动学习的热情、注重学生创造力的培养是现代学校体育的发展趋势，即主张教师给学生独立思考问题的机会，给学生自我发挥的空间，从而发展学生独立思考问题、解决问题的能力，并使学生在解决问题的过程中感受运动的乐趣和成就感，为今后独立地、主动地参加锻炼即终身体育奠定基础。再次，从学生入手提高体操教学质量要先重视学生身体素质的训练。提高学生身体素质练习，这样可以不会因为体力不够而使课的任务完成不了，这样才能提高体操的教学质量。

二、研究对象与研究方法

1. 研究对象

××小学三、四、五年级1~3班420名学生。

2. 研究方法

（1）文资料献法：查阅了体操教学有关的教材、专著、论文等文献20余篇。

（2）专家访谈法：访谈了有关体操教学与训练的教师等8人。

（3）问卷调查法：对××小学三、四、五年级1~3班同学发问卷420份，收回410份，有效问卷400，有效回收率97%。

（4）数据统计法：对问卷调查结果进行归类和统计处理。

三、研究结果与分析讨论

1. 要正确把握时机，保持课堂新颖度

教学内容是作为知识信息向受教育者传递的，这种知识信息只有包含新思想、新观点或新方法，才能使学生获得新知识，由不知到知，由知之

不多到知之较多，并通过实践将知识转化为认识和改造不断发展变化的客观世界的能力。相反如果教学内容陈旧，很少或不包含新的知识信息，学生在学习中就会一无所获或获之甚少，比较生硬呆板、没有新鲜感，学生学习显得被动、没有兴趣，提不起精神，那还有什么教学质量可言？因此，教学内容要"新"，这是提高课堂教学质量，实现教学目的的必然要求。

而小学体操课程中教学内容简单，但是并不枯燥，基本上由队列、徒手操、器械操、技巧滚翻、仰卧推起成桥、支撑跳跃、低单杠等项目组成。体操课可以使学生们克服心理障碍，调节机能平衡，培养勇敢、果断等心理品质，但是这项具有危险性质的教学内容怎么设计才能让学生既跟上了进度也掌握了所教的技术动作呢？

教学内容的更新不是随意的，还受到诸多方面条件的制约，只有条件成熟时才能进行，为此必须把握正确时机，适时地加以更新。原有的教学内容随着时间的推移不仅失去"新颖性"而且也变得浅显或带有常识性，加之某些教学内容在教学时本身就不是很深，不少带规律性的东西由于受当时人们认识能力和外部条件的制约也没有被提示出来，如果教师把这些肤浅的知识传授给学生，就会使学生如饮白水、如履平地，不仅索然无味，也无法获得深刻的知识，完成由知之肤浅到知之较深的转化，提高教学质量就无法说起。因此改革教学内容，提高教学质量，要在"新"字上做文章，又在"深"字上下功夫。

表 1　　　　　　　　　　体操教学内容进度安排情况表

教学内容进度	男生（人）	女生（人）	总人数（人）	百分比（%）
能跟上安排合理	145	95	240	60
进度稍慢	12	8	20	5
进度稍快	63	77	140	35

从表1中可以看出学生对教学内容的安排上进度合理的同学占有60%，进度稍快的人有35%，这一部分原因是因为自己的能力稍差，进度稍慢的这一部分学生则认为自己的理解能力和体力很好，所以觉得老师讲的东西很容易就掌握了。

2. 激发学生学习动机

兴趣是学生学习的动力之一，如何培养学生学习体操的兴趣？让体操项目的学习成为他们内心自发的需要，这是搞好体操教学，提高体操教学质量不可缺少的因素。学生学习动机和学习兴趣有着密切的关系，兴趣是动机培养的起点，是影响学生积极性的直接因素。在体操教学中，为发挥学生的主体作用，调动学生学习积极性，应该培养学生学习兴趣放在首位，这样才能逐步提高教学质量。

表2　　　　　　　　　　学生对体操课兴趣调查结果

调查内容	男生（人）	百分比（%）	女生（人）	百分比（%）	总人数（人）	总百分比（%）
喜欢	128	58	61	34	189	47
一般	40	18	28	16	68	17
不喜欢	52	24	91	50	143	36

据表2统计，对体操这门课程喜欢的同学占47%，不喜欢的同学占36%，而感觉一般的同学占有17%，据了解有以下几点原因。

首先由于教材难度和学生的现有基础脱节，在做一些动作时如跳马、跳箱等时，容易使学生产生恐惧心理，导致学生们不喜欢体操这一课程，尤其是女生较多些。在调查中，有24%的学生觉得动作太难，46%的学生担心身体受伤。这是造成他们不愿学习体操的心理因素。另一方面学生学习兴趣随着动作掌握程度而发生变化，学生总是渴望学会正确的体操动作。

但由于害怕心理，不能掌握这个动作，久而久之他们学习的兴趣就会降低。可是当初步学会动作，且逐渐熟练后，就越练越想练。所以针对学生这一心理特点，教师要善于运用教法使学生更快更容易地学会动作，使他们体验到成功的愉悦。在实际教学过程中，根据学生的具体情况，将一些对他们来说较难的动作，适当降低难度。教师切不可责怪学生基础差，挫伤学生的积极性。因此在体操教学中，教师应注意从提高学生身体素质和基本活动能力着手，并采用符合学生实际的教法，以利于调动学生学习体操的积极性，使学生愿意而且喜欢上体操课而不是一上体操课就烦。

表 3　　　　　　　　　学生喜欢体操的原因

原　因	男生 （人）	百分比 （%）	女生 （人）	百分比 （%）	总人数 （人）	总百分比 （%）
能使人轻巧灵活	26	20	20	33	46	24
能培养勇敢顽强的品质	41	32	22	37	63	34
能锻炼健美的体型	61	48	19	31	80	42

表 4　　　　　　　　　学生不喜欢体操的原因

原　因	男生 （人）	百分比 （%）	女生 （人）	百分比 （%）	总人数 （人）	总百分比 （%）
怕受伤	16	31	50	55	66	46
动作太难	12	23	22	24	34	24
没意义	21	40	18	20	39	27
器械不好	3	6	1	1	4	3

　　其次，学生对体操学习缺乏正确的认识，这也是影响学习体操的一个重要原因，从调查中可看出，喜欢体操的学生（表 3）往往对体操的学习意义有正确的认识，因此容易产生强烈的学习欲望和明确的目标。而不喜欢体操的学生（表 4）中有 27% 的学生认为练习体操没意义。这表明在学生中加强宣传教育是十分必要的，告诉他们能够学好体操有何益处，多讲一

些使学生感兴趣的内容，使学生们能够真正明白学习体操的必要性的同时，作为教师要采用多种教学手段来吸引学生；还可以进行年级与年级、班级与班级之间的竞争，以调动他们学习体操的兴趣，从而提高体操教学质量。

3. 根据不同的教学内容合理运用教学方法

（1）利用多媒体课件与教师示范相结合，来提高体操教学质量。

在体操教学中，讲解示范是体操教学的一个重要环节，是学生学习新的基本技能的第一步，是让学生对将要学习的技能在大脑里形成表象的过程。在这个过程中，教师可以通过学生的视觉、听觉等让学生得到相关的信息。但是，有一些运动项目在体操教学示范中常因动作速度过快而让学生目不暇接。而速度减慢，又容易影响体操教学示范动作的节奏性和准确性。利用幻灯片技术可以将优秀运动员的动作放慢教学。例如，教师在讲解示范动作要领时，可先让学生观看一些资料和图片，使他们了解高水平运动员的正确技术。比如让学生了解在腾空过程中，各关节的最佳运动角度是多少，为什么这样的运动角度才是最佳角度，它在整个运动的技术动作中起到了什么样的作用，等等。体操运动是最讲究体位感觉的运动项目，当学生明白了整个动作的来龙去脉，然后再进行技能课教学，他们就能够自觉地去理解和体会老师的动作讲解而不是单纯的模仿，体位感觉能力也会得到提高，整个技能课的授课质量也会实现质的突破。

（2）多媒体课件的运用使学生对所要学的技术有了更深刻的了解。

通过多媒体课件的制作，教师可以很方便地根据教学需要把零散分布在不同影视、录象、VCD以及网上的有关视频、音频、图片等素材采集起来，再把它们合理地加入课件中去，并应用于体育教学。教师在教学或学生在自学中可暂停、慢放或多次播放所需影音材料，或加以文字说明同视频画面同步运行形成动静结合的多位一体的多容量的教学内容，达到视听结合、生动有趣、直观形象、便于观察和模仿的目的。

（3）多媒体课件及录像机在体育课中运用，可使学生产生浓厚的学习兴趣。

"兴趣是最好的老师"，学生在学习的过程中，只有对所要学的内容产生了兴趣，学生才会有学习的动力，才会主动积极地去学习。在传统的体育教学模式中，有很大一部分学生，只是为了成绩或"达标"而学，并没有主动学习的欲望。在体育课中适当运用一些多媒体课件，可以使更多的学生产生学习的兴趣，从而使他们能够主动地参与练习。

4. 重视学生身体素质练习

身体素质是每个运动项目的物质基础，是掌握动作技能、技术，提高运动能力、技术水平的前提条件。重视身体素质的提高，已经成为现代体操教学、训练体系中一个重要环节。近年来小学生体素质整体下降，身体素质相对较弱而且个体差异明显，在体操教学中，学生身体素质的好坏将直接影响教学的进度和质量。因为学生要在不同的器械上完成不同的动作，要想掌握这些动作，必须有一定的专项身体素质作为保证。

体操技术动作对发展力量、灵活性、柔韧、速度、空间定向、提高前庭分析器的功能以及顽固意志都有良好作用，例如仰卧推起成桥，如果学生上肢力量薄弱，这个动作完成系数就会很小。再比如小学生技巧的练习主要是垫上的练习，主要发展学生的平衡能力，如燕式平衡、单膝跪撑平衡等动作，学生力量平衡能力差，身体灵活性不好，也会很难完成。如果学生的身体素质很差，即使有再优秀的老师，教学手段和方法再正规合理，教学质量也不会提高的。据调查，学生自己也认为身体素质对动作好坏的影响很重要，如表 5 所示，81% 的人认为身体素质的好坏会对老师教的动作有影响，没有人会认为身体素质的好坏对体操动作没有影响。所以加强身体素质训练对于提高体操教学是非常有必要的。

表5　　　　　　　身体素质的好坏对动作成绩的影响

调查内容	男生（人）	百分比（%）	女生（人）	百分比（%）	总人数（人）	总百分比（%）
会非常有影响	167	76	158	88	325	81
一般	53	24	22	12	75	19
不会有影响	0	0	0	0	0	0

5. 学生自我能力的培养

（1）应用能力的培养。在学生训练中，只给学生练习内容，而方法则由学生自己选择编排，学生采用不同的方法有针对地进行应用，把课堂上所学的内容运用在自我设计上，从而提高学生对所学知识的运用能力。

（2）创编能力的培养。在教学中教师要注重学生自我设计即创编能力的培养，教师平时可以把一套操中的某一段有意识地空出或者提出特定的动作要求，让学生自己独立思考设计，完成编排，从而培养和锻炼学生的创编能力。

表6　　　　　　　体操对学生创编能力的培养

创编能力	男生（人）	女生（人）	总人数（人）	百分比（%）
非常丰富	180	167	347	87
一般	40	13	53	13
没变化	0	0	0	0

据调查，三、四、五年级的学生在上体操课时，教师都会设计一些情景教学或是留给学生们自己创编的作业。比如：学生们以小组的形式，每组编排一套健身操、器械操或根据老师上课讲的动作内容自己做动作组合编排等。据表6统计结果显示，不管是男生还是女生，创遍能力都有了很大的进步。认为自己上完体操课以后自己的编排能力没有变化的同学为0，也

就是说体操培养了我们很好的创编能力。

（3）自觉锻炼能力的培养。培养学生自觉锻炼的能力只靠课内是不够的，必须课内外紧密结合才能确保教学效果的巩固采用，课后练习和安排自我设计锻炼计划两种形式，进一步培养学生自觉锻炼、自我设计的能力和意识，才能收到良好的效果。据表 7 调查结果显示，学生们自主利用课余时间去体操馆练习体操的同学很少，只有 26% 的同学经常会去练习，所以如果老师能够留一些自我设计课后练习的方法，对学生自觉锻炼能起到很好的帮助。

表 7　　　　　　　　　　　学生课余时间练习体操动作

调查内容	男生（人）	百分比（%）	女生（人）	百分比（%）	总人数（人）	百分比（%）
经常会	55	25	50	28	105	26
偶尔会	47	21	35	19	82	20
很少会	81	37	66	37	147	37
不 会	37	17	29	16	66	17

四、结论与建议

1. 结 论

（1）提高教学质量即在教学内容新颖上做文章，又应该努力增加教学的深度。

（2）老师根据不同的教学内容，采用各种教学方法，来引导学生对体操课的爱好。激发学生的动机，使学生感到体操课是在欢乐中学到知识。

（3）要想使学生们很快掌握一些体操练习中的技术动作，必须有一定的身体素质作为保障。

（4）使学生更牢固地记住课上所学习的动作要领，增加学生自我创编能力，自我锻炼的能力，增加自我展示的愿望和爱好，从而提高体操教学质量。

2. 建议

（1）多组织班级、年级形式的基本体操比赛，如队列队形、课间操、自编操等，以调动学生学习体操的兴趣，从而提高体操教学质量。

（2）必要的身体素质是学生学习体操动作的前提。所以老师可以每一节课利用5分钟时间进行素质练习。减少由于体质跟不上导致的课堂伤害，加快学生掌握动作内容的进度。

（3）培养学生自觉锻炼的能力，老师可以在快下课的时候以小组形式留作业，下节课进行展示并打分。这样同学们就会自觉去锻炼，还体现了和谐的概念。

（4）在进行教学的时候老师可以适当降低难度，提高教学的趣味性。

参考文献

［1］体操教材编写组．高等学校教材——体操（第2版）．北京：高等教育出版社，1995

［2］刘清黎主编．体育教育学．北京：高等教育出版社，1994

［3］沙建国．基本体操教程．大连：辽宁师范大学出版社，1998

［4］体操教材编写组．高等学校试用教材——体操．北京：高等教育出版社，1987

［5］体育理论教材编写组．体育理论．北京：高等教育出版社，1982

［6］体操教材编写组《体操》高等教育出版社1997年第二版

［7］戈炳珠．现代体操教学法的理论与实践．载于：体操情报研究．1987，（1）

［8］王家顺．对提高体操普修课教学效果的研究．载于：沈阳体育学院学报，2001，（2）

［9］赵健．体育教学中学生能力培养的研究．载于：潍昌师专学报，2001，20（2）

［10］江云．体操教学中应重视培养学生创新能力．载于：福建师范大学学报，2000，16（4）

［11］蒋世玉，史燕．体操教学中素质练习与教学效果的研究．载于：淮北煤炭师范学院学报，1996，17（4）

［12］高婉娜．对提高沈阳体育学院运动训练系体操教学质量的探讨．载于：沈阳体育学院，2003，

87（3）

［13］严爱萍．学校体操．上海体育学院．

［14］曹恒海．新课程标准下体育院系体操改革的思考．载于：山东体育科技，2004（3）

［15］李莹，汪美琪．谈如何培养学生学习体操的兴趣．载于：平原大学学报，2000，17（2）

［16］唐哲．高校体育专业学生身体素质与体操成绩的相关分析．载于：韶关学院学报，2007，28（6）

［17］黄兆荣．高校体操教学中兴趣的培养．载于：松辽学刊，2000

附：问卷调查

各位同学：

大家好！

为了提高我们的体操教学质量，希望大家帮助我完成这份调查问卷。在填写每一个问题之前，请你先看清楚问题和内容，并根据实际情况认真将答案填写在括号内。

谢谢合作。祝你学习进步，身体健康。

一、甄别部分

1. 你的性别是：（　　　）

   A. 男　　　　　　　　　B. 女

2. 你开体操这一课程了吗？（　　　）

   A. 是　　　　　　　　　B. 否

   ＊注：本题如果选 A 则进行问卷部分调查；

   如果选 B 则停止问卷调查，再次感谢您的合作！

二、问卷部分

1. 你认为体操课程的设置对你有帮助吗？（　　　）

A. 有很大帮助　　　　　　　B. 稍有帮助

C. 一般

2. 你喜欢体操动作中的哪一类动作？（　　　）

A. 跳马　　　　　　　　　　B. 技巧

C. 徒手操　　　　　　　　　D. 器械操

3. 你喜欢上体操课吗？（　　　）

A. 喜欢　　　　　　　　　　B. 不喜欢

　*注：如果选答案 A 请答第 4 题，第 5 题不用作答，如果选答案 B 请直

接答第 5 题。

4. 你喜欢上体操课的原因是什么？（　　　）

A. 使人轻巧灵敏　　　　　　B. 能够锻炼出强健的体魄

C. 能够培养顽强的品质

5. 不喜欢上体操课的原因是什么？（　　　）

A. 怕受伤　　　　　　　　　B. 动作太难

C. 没意思 D. 器械不好

6. 你认为教师安排的课堂进度自己能跟上吗？是否合理？（　　　）

A. 能跟上，很合理　　　　　B. 教学进度稍慢

C. 教学进度稍快

7. 你认为一个鱼跃前滚翻动作大概有几节课能够学会？（　　　）

A. 一节　　　　　　　　　　B. 两节

C. 三节　　　　　　　　　　D. 三节以上

8. 你认为体操课上教师经常运用的教学方法有几种？（　　　）

A. 教师讲解示范动作　　　　B. 利用图片和幻灯直观教学

C. 引导学生自己练习　　　　D. 自由教学

9. 通过体操课上的学习创编能力变得丰富了吗？（　　）

    A. 非常丰富了　　　　　　　　B. 一般

    C. 没变化

10. 除了体操课上进行动作练习外，你会利用其他时间来练习吗？（　　）

    A. 经常会　　　　　　　　B. 偶尔会

    C. 很少会　　　　　　　　D. 不会

11. 你认为上体操课前先进行身体素质锻炼有必要吗？（　　）

    A. 有很大必要　　　　　　　　B. 一般

    C. 没有必要

12. 对于难度动作你认为身体素质的好坏，会影响到体操动作的质量吗？

    （　　）

    A. 会非常影响　　　　　　　　B. 一般

    C. 不会影响

13. 老师会经常给同学们留创编的作业吗？（　　）

    A. 经常会　　　　　　　　B. 偶尔会

    C. 很少会　　　　　　　　D. 不会

14. 在体操课上你会主动帮助其他同学完成体操动作或主动给大家做示范动

    作吗？（　　）

    A. 经常会　　　　　　　　B. 偶尔会

    C. 有时会　　　　　　　　D. 不会

15. 你认为上体操课你学到了什么？最大的益处是什么？

    _____

    _____

    _____